# 失敗すれば即終了！日本の若者がとるべき生存戦略

Rootport

晶文社

BOOK DESIGN
NORIYUKI KITSUGI (INFOBAHN)

# はじめに

こういう本の冒頭では、「たとえ話」をするといいと聞いた。

だから私の作り話に、少しだけお付き合いいただきたい。

＊＊＊

たとえば金曜日の夜、あなたが後輩に声をかけたとする。

「おい、渋谷くん。このあと一杯どうだ？」

人間関係の円滑化にアルコールは欠かせない。飲みニケーションは死語になったかもしれないが、酒宴は心の壁を取り払う方法の一つだ。入社したばかりのころのあなただったら、目を輝かせてご相伴にあずかりますと答えただろう。当然、後輩の渋谷くんにもそういう反応を期待する。しかし――。

「すみません、新橋先輩。今日はちょっと……」

「ちょっと、何だ？　先約があるのか？」

「先約ってわけじゃないんですけど……」

だったら一杯ぐらい良いではないか。昔の体育会のように朝まで付き合わせるつもりはない。ただ、お互いのことを知るために2時間ほど肩を並べて酒肴をつつきたいだけだ。それとも先輩社員に言いづらい用事がある、ということだろうか。

「さては女だな？」

冗談めかしてあなたが言うと、渋谷くんはキッと眉を寄せる。

「新橋先輩、それって相手次第ではセクハラになりますよ」

果たして人間関係を円滑にするどころか、ますます心の距離ができてしまう。


問題はここからだ。

その晩は結局、同期社員と連れだって飲みに行ったとする。

「俺だってそんなに古い人間じゃない。別に無理強いはしないし、酒席につきあうのが業務命令だとは思わないよ」

相手はうんうんとうなずく。あなたが新入社員のころはもっと恐ろしい先輩がいて、誘いを断ればそれだけでドヤされてもおかしくなかった。

「だけど、職場を離れないとその人の素《す》が出てこないだろう。素性の分からない人間と働くよりも、気心の知れた仲間のほうが気持ちよく仕事ができるじゃないか」

太古の昔から、ヒトは食べ物を分け合うことで関係を育んできた。歴史の教科書は、たき火を囲んで肉を切り分ける人々の姿から始まる。酒を飲むのは、その現代版だ。いつの時代も同じ釜の飯を食べた仲は深い。

「どうしてあいつらには、それが分からないのかな」

同じころ、後輩の渋谷くんは学生時代の友人とつるんで夜の街を歩いていたとしよう。いつものクラブに集まって踊り明かすのだ。

「会社は仕事をする場所であって、飲み友を探す場所じゃないだろ」

そうだよな、と若者たちは笑い声を漏らす。

「たとえばシリコンバレーのベンチャー企業なら、社員の親睦を深めるレクリエーション活動が業務時間に組み込まれているらしい。飲みに行くのは仕事のうちかもしれないけど、だったら給料を払えっていうんだ」

今の若者はあまりカネを持っていない。日本の初任給は１９９０年代をピークに頭打ちだが、毎年モデルチェンジするケータイやパソコン、その通信費などで出費がかさむ。しかも経済成長は20年以上も鈍化したままだ。給料の上がる見込みが薄ければローンは組めないし、当然、車も家も買えない。

「今はもう終身雇用の時代じゃないし、3年後には転職しているかもしれない。会社の人間と仲を深めるよりも、学生時代の仲間とのコネのほうが大事かもしれないだろ」

そうだそうだと若者たちは声をあげる。

「どうしてあいつらには、それが分からないのかな」

ことほどさように、若者世代と年長者世代は隔絶されがちだ。

たとえば新人類、バブル世代、団塊ジュニア、ゆとり世代、さとり世代――。時代を選ばず、若者世代には特別な名前が与えられて、年上世代とは「異なる者」として扱われてきた。育った環境や文化背景が違えば、思考様式が変わるのは当然だ。

まして、現代は変化の速い時代だ。

テレビは白黒が当たり前だった時代から、わずか10年でカラーテレビが普及した。かつて会社に1台だったコンピューターは、10年後には各部署にパソコンが配備されるようになり、その10年後には1人に1台になった。日本におけるソーシャルゲームの市場規模は、わずか数年で映画産業のそれを上回った。人類が車輪を発明してから自動車を発明するまでに5000年ほどを要したことを考えれば、恐ろしい変化の速さだ。

だからこそ、若者世代と年上世代の隔絶が大きくなってしまう。

生まれた時代が10年違えば、育った環境はまったく変わる。技術水準も文化的流行も、お互いに想像しがたいものになる。

極端な言い方をすれば、私は外国人として扱ってほしいと思ったことさえある。就職して、年上の男たちの行動原理と思考様式を知るにつれて、彼らが自分とは異なる文化背景を持つ人々だと気づかされた。もしも私が外国人だったら、文化の差や考え方の違いに多少は気を遣ってもらえただろう。同じ日本人だからといって、無遠慮に同調を求められるのは不快だった。自分たちにとっての「当たり前」を、文化の違う相手に押しつけるのは悲劇的である。アメリカ先住民とヨーロッパ人の出会いを例に出すまでもない。

では、私たちはどんな世代だろう。どんな文化的背景を持っているのだろう。

1985年、映画『バック・トゥ・ザ・フューチャー』と同じ年に生まれて、物心ついたころには冷戦が終結していた。中学校に上がるころにパソコンとインターネットに触れたデジタル・ネイティブの第一世代だ。高校からは土曜日の授業がなくなったゆとり世代でもある。

先日、友人と飲んでいるときに「私たちの世代には『物語』がない」という話になった。

たとえば昭和の日本には物語があった。

いい大学を出て、いい企業に入る。結婚して子供は2人、ローンを組んで家を買う——。そんな物語に従って人生を選ぶことができた。少なくとも、そういう王道の物語にどれだけ近づいているのか（あるいは離れているのか）を、比較検討できた。

ところが、バブルとともにこの物語は崩壊した。

リストラの嵐が吹き荒れて、長い就職氷河期が始まった。いい大学を出ても、いい企業に入れるとは限らない。いい会社に入っても、将来安泰とは限らない。牧歌的な昭和の物語からはリアリティが失われた。永遠に、失われてしまった。当時、私たちは小学生だった。

私たちは、物語がない世代だ。

就職氷河期世代のように、信じていた物語を目の前で奪われたわけではない。そんな物語は、私たちには最初からなかった。たとえば25歳までに結婚して、30歳までに子供を作る——。そんな年齢ごとのマイルストーンはなかった。どんな40歳になるか、どんな50歳を迎えたいか。そんな目標設定を押しつけられなかった。宗教も信じていないので、信仰上のミッションのようなものもなかった。

同級生のなかには、いまだにお笑い芸人やミュージシャンを夢見ている人もいる。リリー・フランキーに心酔している人もいる。物語が失われた時代には、お笑い芸人の自伝本がほぼ唯一の「生き方のお手本」になってしまう。しかし、芸能人になる夢を叶えた者はごく一握りだ。

私たちには物語がない。何を「普通の生き方」とすればいいのか分からない。

だから私は、自分で考えることにした。

「しあわせな人生」のレールがないなら、自分でそれを敷設することにした。

まずは世の中を知ろうとした。この世界にはどんな人々が生きているのか。世界はどんな仕組みで動いているのか。そして、どんなことに問題意識を持つべきなのか。その問題に、自分はどう向き合うべきなのか。考えて、仮説と検証を繰り返すたびに、ブログに書き込んできた。この本は、そうやって書き溜めたブログ記事をまとめたものだ。20代のうちに考えたことのまとめである。

インターネットは素晴らしい発明だ。30年前だったら、冒頭の2人――新橋先輩と後輩の渋谷くん――がお互いの本音を知ることは不可能だった。友人に向かって愚痴るだけで、それぞれの「言いたいこと」を知る場所はなかった。顔をつきあわせた対話には、どうしても遠慮が入り込む。宴席での無礼講は建前にすぎない。「腹を割って話す」とは幻想である。

しかしインターネットには、人々の本音が書き込まれる。匿名の罵声になることも珍しくないが、それでも、以前は知り得なかった本当の意見を手に入れられる。NATOとタリバンがツイッターを介してケンカするような時代だ[*1]。これは希望だ。職場の先輩後輩という小さなレベルから、戦争の敵同士という大きなレベルまで、あらゆる人々の「本音」に接することが可能になった。もしも枯葉剤の惨禍をフェイスブックでシェアできていたら、ベトナム戦争は10年早く終わっていたかもしれない。

ネットで交わされる身も蓋もない言葉が、私は大好きだ。歯に衣着せぬ論戦を愛している。「デマこいてんじゃねえ!」という私のブログのタイトルは、自分に向けたものだ。自分には万全の知識がないことを承知のうえで、あえて仮説を論証してみる。そうすれば、事情に通じた読者から「デマを言うな」と罵声が飛んできて、知識を補完できる。そういう期待を込めて、このブログのタイトルにした。結果、ブログの読者からは多くのことを教えていただいた。傾聴すべき意見と、無価値な難癖との見分け方を学ぶこともできた。

この本は、日本人に新しい物語を与えるものではない。恩着せがましく、「これが正しい生き方ですよ」と説教する本ではない。人間が百人いれば、しあわせな人生の物語も百通りある。「こういう生き方をすればしあわせになれます」と言う人は、十中八九、あなたのことをカモだと思っている。

物語を喪失した時代に生きる私たちは、自分の物語を自分で作らなければならない。どんな生き方をすれば「いい人生」と呼べるのか、自分にとってのしあわせは何か、自分で考えなければならない。もしも「正しい生き方」があるとしたら、何が正しいのかを考えることだろう。考え続けることだろう。

この本には、そうやって私が考えてきた過程が書かれている。

私にとっての正しい物語が、あなたにとっても正しいとは限らない。しかし間違いなく、本書の内容は考えるヒントにはなるはずだ。もしかしたら頭の使い方のヒントにもなるかもしれない。脳みそを柔らかくして、「デマこくな」とツッコミを入れる準備を整えてから読んでいただければ幸いである。

最後に。私は30歳を迎え、もはや「若者」を名乗るような年齢ではなくなった。20代のころに考えたことをこのタイミングで書籍化できたことを嬉しく思う。

［＊1］ http://himasoku.com/archives/51679207.html

# 目次

## ［第2章］未来の仕事を考える



## ［第3章］結婚しないヒトの遺伝子と少子化の原因

## ［第4章］「ググレカス」が世界を変える

第1章

# 2050年、<br>日本終了!

# いま失敗すれば、日本終了。

1・2人。——何の数字か、お分かりだろうか。

2050年における現役世代と老後世代の人口比だ。

現在の日本では現役世代2・4人で老人1人を養っている。しかし、2050年にはこれが半分になり、現役1・2人で老人1人を支えることになる[*1]。私たちの子供世代は高額の社会保険料と重税に苦しめられ、優秀な人から順番に海外に脱出するだろう。

国民皆保険は、たぶん崩壊する。

年金は、おそらく有名無実のものになる。

先日、まとめサイトに虐待の横行した介護施設の様子が書き込まれていた。

床ずれは放置され、鼻のチューブは死ぬまで交換されず、排泄したおむつを取り換えようとしたら、「ごめんなさい、ごめんなさい」と泣かれたという。おむつ交換のたびに日常的に暴力が振るわれていたようだ。

◎介護施設に祖父殺されたけど何か質問ある？：アルファルファモザイク
http://alfalfalfa.com/articles/116045.html

20 以下、＼(^o^)／でVIPがお送りします :2015/04/27(月) 01:44:24.269 ID:w8nyQ8Q70.net

**>>4**
**××第二病院**
**病院と名前がついているが病院ではなく介護施設のため、**
**医療行為は行えず高熱出しても頭冷やすだけ、意味がわからない**

**>>5**
**脳の血管切れて入院したんだが、それが原因で家に連れて帰れなくなった**
**どうしても病院にあるような特別な機材が必要だった、らしい、今にして思えば怪しいもんだ**

9 以下、＼(^o^)／でVIPがお送りします :2015/04/27(月) 01:41:25.746 ID:w8nyQ8Q70.net

**何ヶ所か転々としたけど、最後のところホントひどかった**

**すきやも真っ青のワンオペやってるし**
**鼻中も変色するまでほったらかしで担当に聞いたら死ぬまで変えないとかほざきやがるし**
**排泄したからおむつ変えようとしたら「ごめんなさいごめんなさい」って謝るんだ**
**何があったかなんて容易に想像がつく**

2050年には、これがありふれた光景になるだろう。現役世代が半分になれば、当然、老人の生活水準も半分になる。これは遠い世界の話ではない。35年後のあなたの身に降りかかる現実だ。

2050年、あなたは何歳だろう?

＊＊＊

しかし、朗報が一つある。

出生率は、死亡率ほど正確に予想できない［＊2］。

生活水準が一定を超えた国では、死亡率はほとんど変化しないのに対し、出生率は経済情勢によって上下する。したがって、2015年現在の20〜30代が子供を産めるようになれば、破滅的な少子高齢化は避けられる。少なくともソフトランディングさせられる。

子供を産む所得には、はっきりとした閾値《いきち》がある。

年間所得500万円だ。

次頁の図1、2は、平成24年度就業構造基本調査〔＊3〕から作成した。

まず世帯主40歳以下の世帯における子供の有無を見ると、年間所得500万円未満の世帯では急激に子供のいない世帯の割合が増える。ここには独身者も含まれており、年間所得が500万円に到達しない人は、結婚しないし子供も作らないことが分かる。

また、世帯ごとの子供の人数を見ると、年間所得500万円を境界に「一人っ子世帯」が半分を超える。人口を維持するには1人の女性が約2人の子供を産む必要があるので、一人っ子世帯の増加は少子高齢化を加速させる。

興味深いのは、高所得になっても子供は増えないことだ。年間所得500万円を超えると、子供のいない世帯の比率はほとんど変わらなくなる。一人っ子世帯の比率もあまり変わらない。つまり、図3のように要約できる。所得が少ないと子供を作らないが、所得が増えても子供は増えない。その境目になる年間所得はおよそ500万円だ。

なぜ、日本人は年間所得500万円を超えないと子供を産もうとしないのだろう。この疑問については、第3章「結婚しないヒトの遺伝子と少子化の原因」で詳しく考察する。

ここでは結論だけ書こう。

少子高齢化を回避できるかどうかは、いかにして年間所得500万円以下の世帯に子供を産

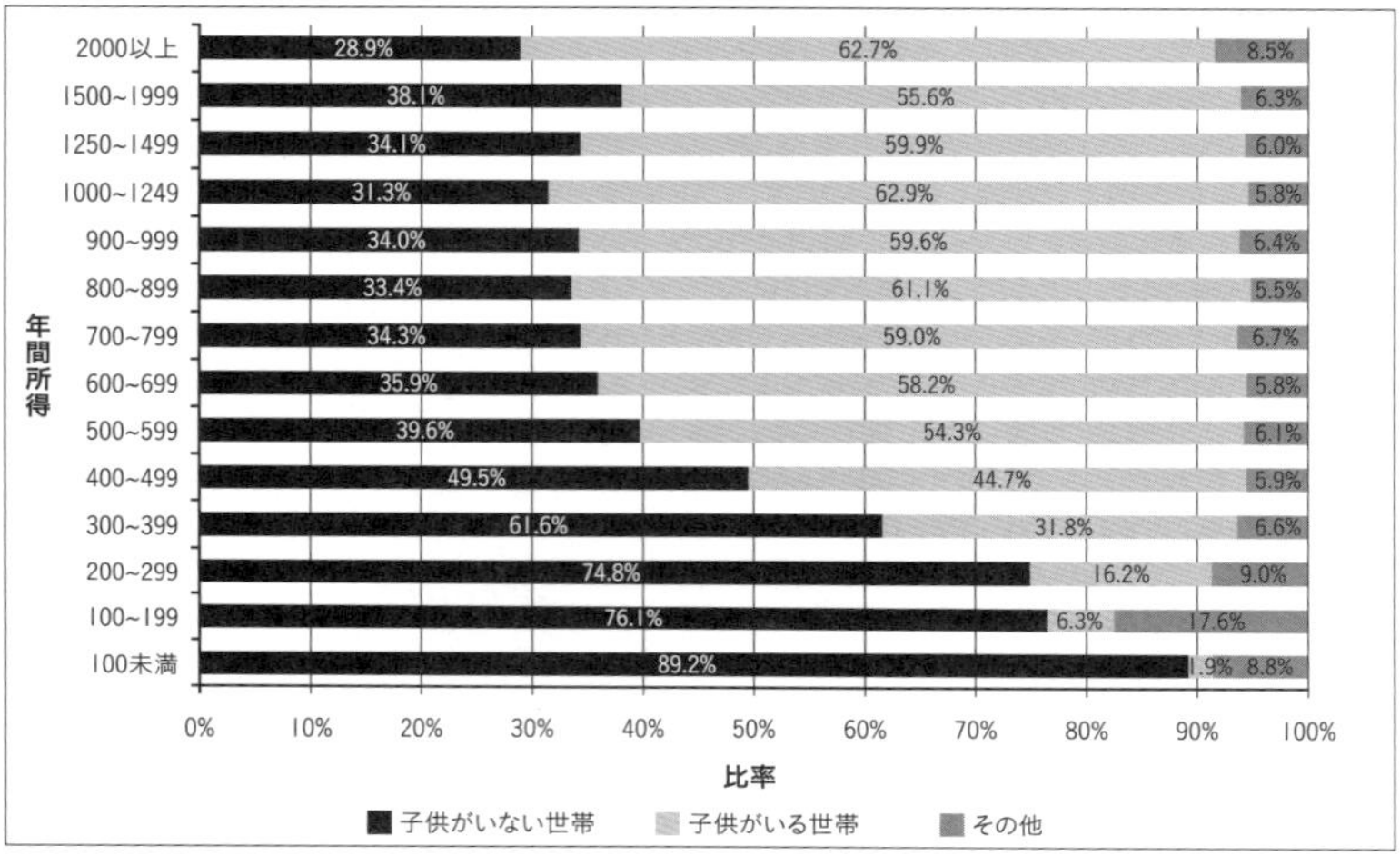


図１ 世帯所得ごとの子供の有無（対象：世帯主40歳未満）

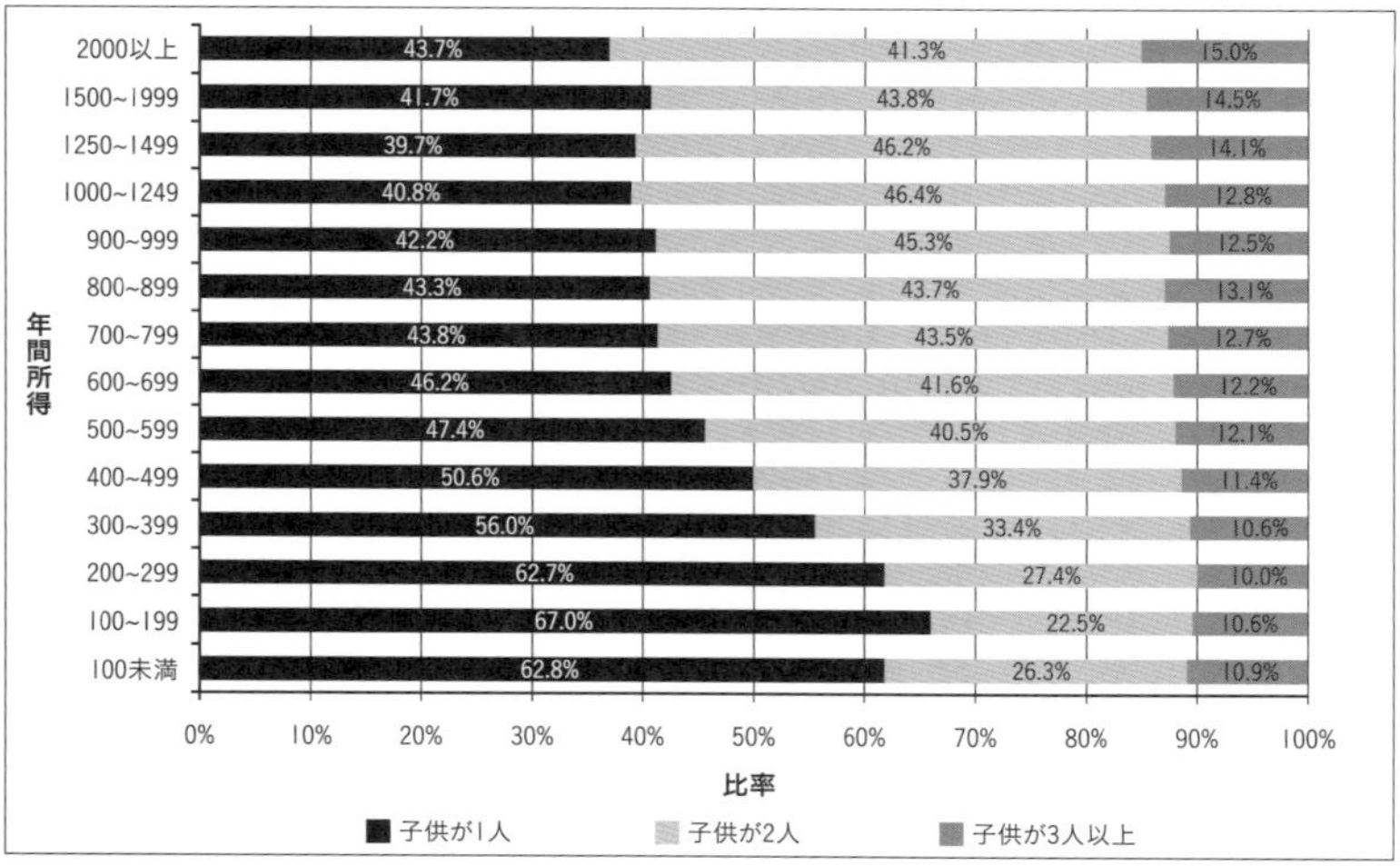


図２ 世帯所得と子供の数（対象：子供のいる一般世帯）

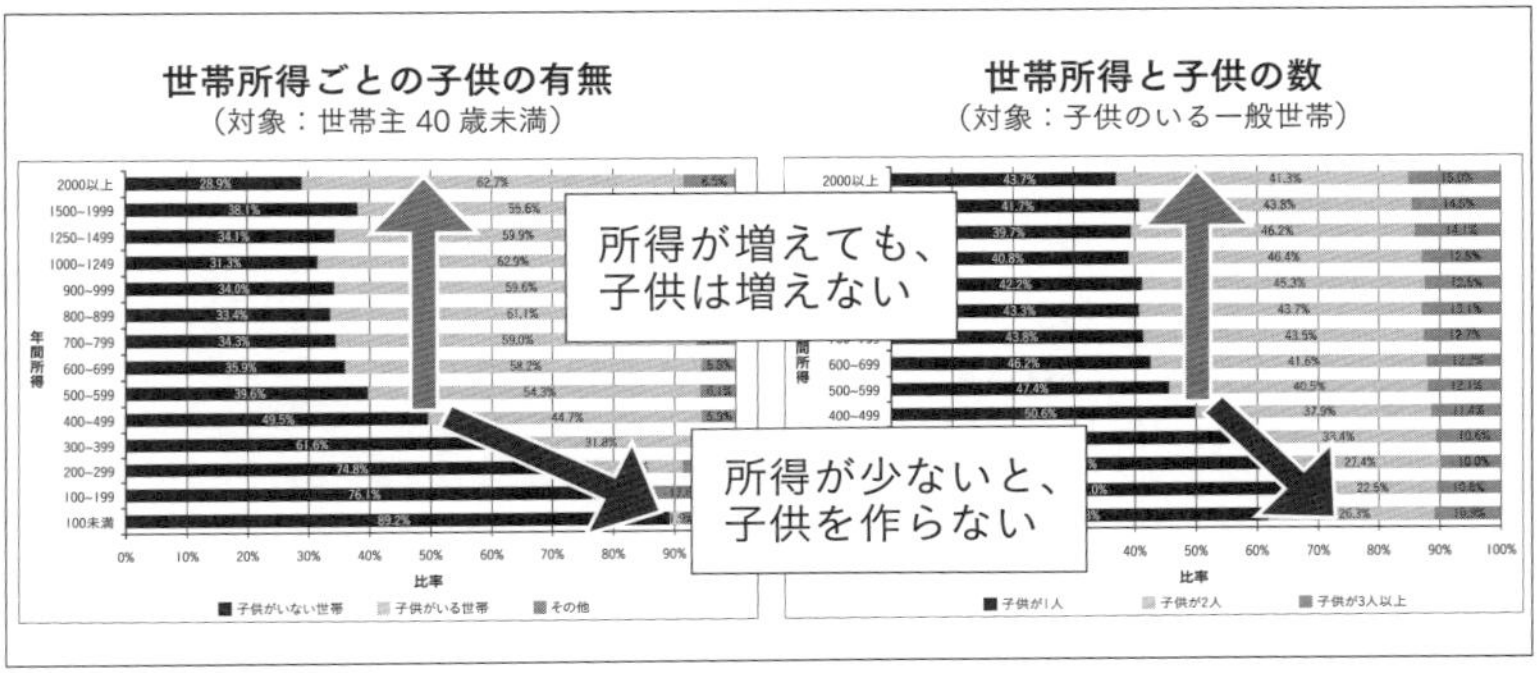


図３ 所得が増えても子供は増えない。所得が少ないと子供を作らない

んでもらうか——、さらに言えば、いかにして**若者に年間所得500万円を達成させるか**にかかっている。若者が充分なカネを入手できなければ、日本の将来は暗い。

＊＊＊

では、どうすれば若者の年間所得を増やすことができるだろう。

方法は二つある。

一つは、日本人労働者がもっと熱心に**賃上げを要求**することだ。

日本の労働組合は、高度成長後の安定期に「労使協調路線」を取るようになり、実質的に賃上げを放棄してしまった。終身雇用が前提の社会では、企業の事業継続がそのまま労働者の生活の質に直結する。そういう環境下では、労使協調にも合理性があった。

しかし、バブル崩壊後に終身雇用は崩壊し、すでに20年以上が過ぎた。にもかかわらず、終身雇用時代の勤労観が根強く残っているため、日本人労働者はストライキをちらつかせるような賃上げ要求をやめてしまった。非正規雇用が増えたことも、この傾向に拍車をかけた。交渉力のある労働組合は、大抵、正社員だけで構成されている。非正規雇用の労働者には労使交渉の機会すらない。

つまり日本の労働市場では、企業がプライスメーカーになっているのだ。給与水準は、本来なら需要と供給によって決まるべきだ。しかし、これが企業によって一方的に押し下げられているのではないだろうか。ミクロ経済学でいう不完全競争が起きている可能性がある。

その結果が、今の日本の賃金水準だ。現在、日本のサラリーマンの平均年収は400万円ぎりぎりで推移している（図4）。

日本の労働者が賃上げを要求するようになれば、賃金水準は押し上げられて競争均衡に近づく。賃金が増えれば当然、家計消費も活発になり、景気は好転して求人が増える。日本を豊かにするほぼ唯一の確実な方法は、労働者が賃上げを要求することだ。少なくとも、「やりがい」を言い訳に低賃金を受け入れるような現状——金銭的報酬の不足を精神的報酬で補うような現状よりは、私たちの暮らしはラクになるだろう。

もう一つの方法は、**女性の雇用拡大**を進めることだ。

子供を作るのに必要な年間所得500万円が、**世帯所得**であることに注目してほしい。父親だけの収入で年間500万円の所得を達成するのは難しい。20代ならほぼ不可能と言っていいだろう。しかし正社員の夫婦共働きであれば、比較的簡単に達成できる。

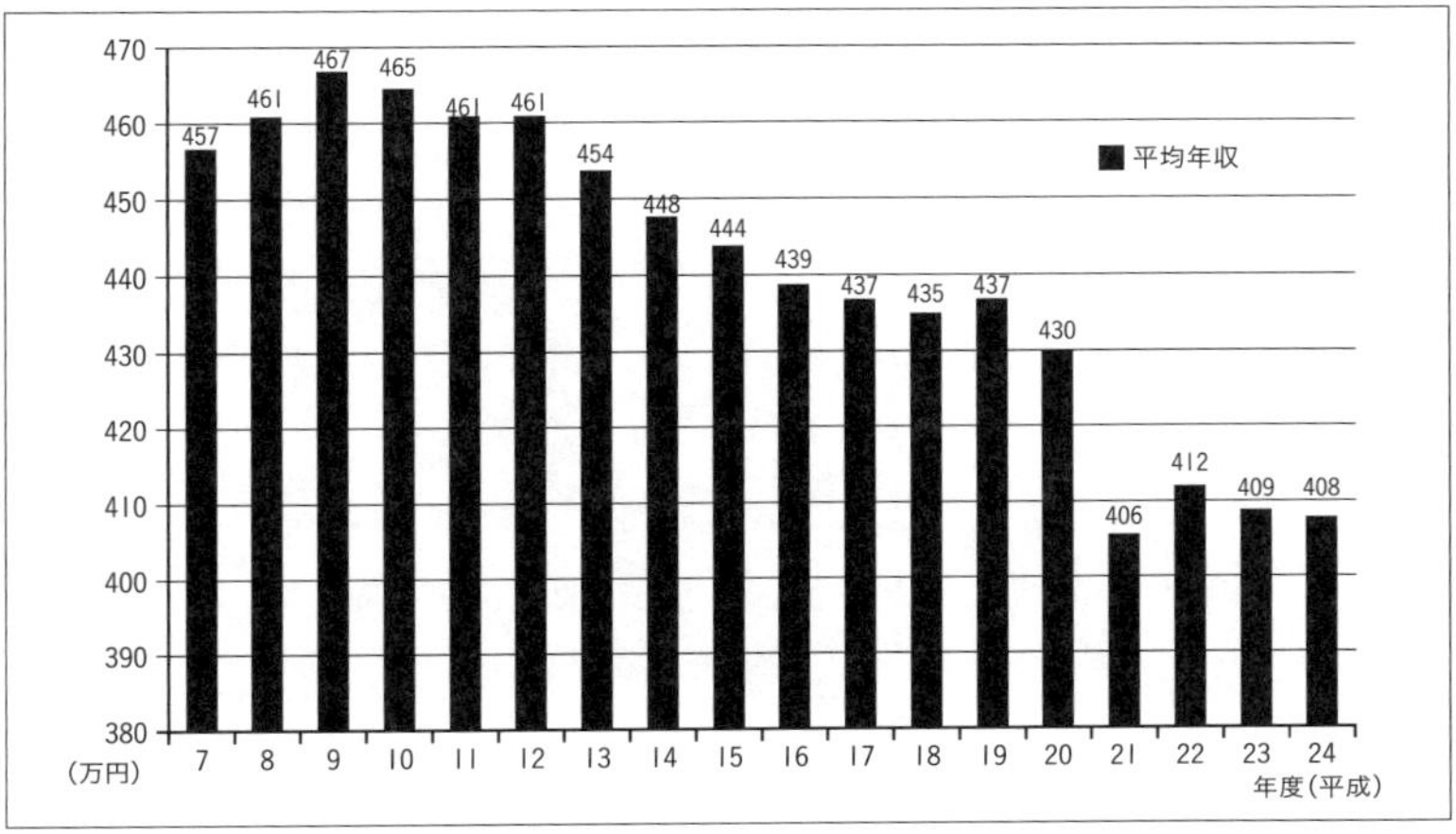


図４ 日本のサラリーマンの平均年収の推移

＊リーマンショック後に急落し、回復していないことが分かる（出典：年収ラボ http://nensyu-labo.com/heikin_suii.htm、統計元：国税庁 平成24年 民間給与実態統計調査結果）

現在の日本では、女性の労働力率がM字カーブを描くことが知られている。20代後半〜30代前半にかけて、女性の就労率が一時的に低下するのだ。出産・育児の期間中は労働から離れざるをえず、子育て後に非正規のパートタイム等として復帰することになる。

さらに、産休・育休制度のある企業でも、制度を利用すれば人事評定がリセットされる（＝実質的に評価が下がる）場合が珍しくない。

このような勤労習慣が女性の生涯所得を引き下げ、共働きによる世帯所得増の大きな障害となっている。

子供を作ることは、本来、経済規模の拡大につながり、カネ儲けにつながる。

しかし、効果が表れるまでには、10〜

30年が必要だ。一方、ほとんどの企業は創業から10年以内で廃業しており、30年以上続く会社はごくわずかだ。企業は10年後の利益よりも3ヵ月後の利益を優先するため、子供を産む社員を歓迎しない。産休・育休制度の充実は、経済的均衡によって自然に達成できるものではない。政治的な圧力がなければ、「子育てを迫害する雇用環境」は変えられない。

＊＊＊

最後に、なぜ子供を作るのにカネが必要なのかを確認しよう。

昔はどんなに貧乏でも結婚したし、子供を作っていた。年間所得500万円がないと子供を作らない現状は、「子育てに必要なのは愛であってカネではない」という直観に反する。

なぜ、今の若者はカネがないと子供を作らないのだろう。

あるいは、なぜ昔はカネがなくても子供を残せたのだろう。

これは「教育と技術の競争」という概念で説明できる。

インターネット接続のYahoo! BBが面白い記事を掲載していた。記者の永田さんは私と同世代の1987年生まれで、物心ついたころにはパソコンもインターネットもあった。そんな彼が、パソコンのない時代の仕事を再現して体験してみるという企画だ。

◎もしもインターネットがなかったら…昭和のビジネスを再現してみた

http://bbpromo.yahoo.co.jp/special/showa/

永田「ああ、疲れた…。感想としては『本当にキツかった…』の一言です。多分、いつもの10分の1も仕事進んでないんじゃないでしょうか。でも、疲労感はいつもの3倍あります。昔の人は毎日こんな仕事をしていたのか…」

「うーん、実は申し上げにくいんですが、**永田さんが今までやってた当時の仕事の再現は、厳密に言うと間違ってるんですよね**」

「**作業内容は全部正しいんですが、本当はそれをもっと分担してやっていたということです。**資料を探すのは資料を探す人、プレゼンするのはプレゼンする人、資料を作るのは資料を作る人、と完全な分業制だったんです」

パソコンのない時代——。

当時は書類を管理する仕事があり、伝票をまとめて数値を計算する仕事があり、タイピングをする仕事があり、プレゼン資料を作る仕事があった。そういう仕事をするスタッフのバックアップを受けて、営業活動を行っていた。しかし現在では、Finder と Excel と PowerPoint があれば、1人でこれらの仕事ができる。

一般的に、技術革新は生産性の低い職業を減らし、より高度な能力を要する新しい職業を生み出す。

もしも教育水準が向上しなければ——たとえば昭和30年代のように、高校進学率が50％程度のままだったら、技術革新によって中卒レベルの仕事は駆逐され、人口の半分はとてつもない貧困に突き落とされていたはずだ。

しかし、過去100年で先進国は猛烈な技術革新を経験したにもかかわらず、労働による賃金の格差はほとんど拡大しなかった（※賃金の格差が拡大するのは20世紀後半に入ってからだ［＊4］）。なぜなら技術革新と同じ速さで、教育水準も向上したからだ。

昭和30年ごろに約50％だった高校進学率は、現在は96％以上にまで上がった。今では大学進学率が約50％だ。昭和30年代の高卒者と同じくらいの給与階層の仕事に、今では大卒者が就いている。技術革新が目まぐるしく進む世の中で、親と同じレベルの所得階層を維持するには、子供は親よりも高度な教育を受ける必要がある。

したがって、技術が発達して経済が豊かになるほど、子育てに必要な教育コストも上昇する。

これが「教育と技術の競争」だ。

子供に自分よりも貧乏になってほしいと願う親はいない。だから現在の若者は、一定以上の所得がないと、子供を作りたいと思わないのだ。

日本では出産と結婚が深く結びついているため、子育てできないような所得水準の人々は結婚そのものを諦める。結婚したくなる所得水準＝子育てしたくなる所得水準が、現在の日本では年間５００万円まで高騰しているのだ。放っておけばこの水準は今後も上がり続けるので、当然ながら、親たちの教育負担を減らす政策も必要だろう。

＊＊＊

介護施設に独りぼっちで放り込まれて、子供はまったく面会に訪れない。日本語も満足に話せない低練度の外国人介護士から虐待されて、殴られるのが怖いから糞まみれのおむつを必死で枕の下に隠そうとする。

これが、２０５０年に私たちを待つ老後だ。

少子高齢化って、そういうことだ。

産まれた子供が経済活動に参加するまでには20年以上かかる。したがって、35年後の地獄を回避するには、今ここで対策しなければ手遅れになる。２０５０年の平均余命は、女性90歳・男性84歳だという[＊5]。１００歳以上まで生きる人も珍しくないだろう。現在65歳以下の人々は、将来、この地獄と直面することになるのだ。私たち20～30代はもちろん、今の50～60代にとっても、少子高齢化は他人事ではない。逃げ切れると思ったら大間違いだ。

技術と教育の競争により、子育てのコストは上がり続ける。

現在では年間所得５００万円がなければ子供を作れなくなった。今の20～30代にこの所得水準を達成させなければ、日本の衰退は止められない。労働者の賃上げ要求で給与水準を競争均衡に近づけること。また、女性の雇用拡大を進めること。さらに教育コストを引き下げること。今すぐにでもこれらを実現できなければ、日本に未来はない。

1・2人。

繰り返しになるが、これは2050年における現役世代と老人の比率だ。ホモ・サピエンスには約20万年の歴史があるが、ここまで苛烈な少子高齢化社会が現れたことはない。文字通り、前代未聞の社会に私たちは突入しようとしている。

私たちを待っているのは、長寿を喜ぶことができず、「早く殺してくれ」と懇願する時代かもしれない。重税に苦しむ子供たちに「早く死んでくれ」と呪われる時代かもしれない。

救いがあるとすれば、出生率の予想は死亡率の予想よりも難しいということだ。経済状況によって出生率を上げることはできる。

手を打つなら、今しかない。

失敗すれば日本終了だ。

（2015.05.15）

［＊1］少子高齢化による人口構成の歪みで国民皆保険は危機的状況 http://special.nikkeibp.co.jp/as/201401/kenpo/column/vol1/

［＊2］河野稠果『人口学への招待』（中公新書）

［＊3］平成24度年就業構造基本調査／全国編／世帯単位で見た統計表（表212、241を使用）

http://www.e-stat.go.jp/SG1/estat/GL08020103.do?_toGL08020103_&tclassID=000001048179&cycleCode=0&requestSender=search

［＊4］トマ・ピケティ『21世紀の資本』（みすず書房）

［＊5］平均余命の推移（内閣府 共生社会政策 平成24年度　高齢社会フォーラム報告書）
http://www8.cao.go.jp/kourei/kou-kei/24forum/pdf/tokyo-s3-2.pdf

## 転職が増えると働けない若者が増える、かも。

「仕事」とは、社会参加の方法だ。

あなたが給料を受け取れるのは、あなたの行動・存在がカネを払うに値すると、社会から認められた証拠だ。カネを稼ぐことのできない人が不当に低く評価されてしまうのは、社会の一員だと見なされないからだ。どんなに成績のいい優等生でも、バイトすらしたことのない人は社会的に無価値だ。

それが良いか悪いかは別として、いまの世の中ではそういうことになっている。

インテリジェンス社が2010年に行った調査によれば、20代、30代の正社員のじつに52・5%が転職を経験したことがあるという［＊1］。

この数字がどこまでアテになるのかは分からない。有効回答は800件で、経年的な変化も――転職が増えたのか減ったのか――も分からない。しかし、転職経験者が私たちの想像よりも多いのは確かだ。一昔前まで日本は終身雇用・年功序列の社会だとされていた。その時代の常識に照らせば、「過半数が職場を換えたことがある」という調査結果は衝撃的ですらある。

日本の学校教育では「働く能力」を教わる機会がない。「社会参加の能力」と言い換えてもいいだろう。本来ならばそういう能力を開花させる役割を担うはずの職業高校（※工業高校や商業高校）が、成績の伸び悩んだ子供たちの「受け皿」になってしまった。日本人の職業能力は、民間企業での人材育成に一任されてきた。

ところが現在、民間企業での人材育成は機能不全に陥りつつある。

理由は三つ。

まず一つ目は、**民間企業で学べる「働き方」が急速に陳腐化**していること。

もちろん働きながら学べることはたくさんある。簿記や会計の根本的な部分は500年前から変わっておらず、今後、数百年は変わらないだろう。職場で実際にカネを扱うようになってから学べる知識は決して無駄ではない。その一方で、物流・物販をはじめとした商売の形態は急激に変化している。今までの「仕事のやり方」は、数年後には無意味になっている。

たとえばメーカーの営業職のことを考えてみよう。

彼らの得意先は一般消費者ではなく、仲卸業者――つまり問屋だ。しかし、総合商社ならいざ知らず、問屋のほとんどは零細企業であり、充分な市場調査ができない。消費者の動向をいちばんよく知っているのはビックカメラやイオンのような大手の小売業者である。

そこでメーカーの営業スタッフは、まずは小売店の担当者と商談して販売計画を練る。

どの時期に、どんな商品を、どんな問屋・運送業者を使って出荷するのか。完璧な絵を描いたうえで見積もりを立て、問屋の担当者へと売り込みにいく。

ちなみにこの時、使う問屋や運送業者の**なわばり争い**に気を遣わなければいけない。下手な新参業者にモノを流してしまうと、古くからの得意先が二度と商売の相手をしてくれなくなる。にわかには信じられないが、日本には損得勘定だけでは動かない世界が残っているのだ。義理や縁故が、どろどろした澱のように溜まっている。

さて、メーカーの営業職として仕事を覚えたとして、その知識はいつまで使えるだろう。

アマゾンの例を出すまでもなく、情報化の影響をもろに受けているのが物販・物流の業界だ。自宅からクリック一つで買い物できる時代に、「小売店は消費者の動向を知っている」という前提をいつまで維持できるだろう。たとえば健康サプリメント業界や化粧品業界は「メーカー→卸売り→小売店」という商流にいち早く見切りをつけ、すでに消費者直結の通信販売へとシフトを進めている。商売の形態が急激に変化している時代だ。必要なのは柔軟な適応力であって、伝統ではない。職場で学べる「働き方」の陳腐化が進んでいるのだ。

二つ目は**人材育成をできる人材がいない**こと。

これは就職氷河期の影響だ。大雑把にいって、団塊世代の人々は終身雇用・年功序列を前提とした働き方をしていた。そういう生き方を常識として社会人になったのがバブル入社世代だ。これは団塊世代、バブル世代の個々人がそういう考え方をしているという意味ではなく、世代全体の空気感のことを言っている。一度社会人になったら、死ぬまでその会社に尽くす――。

ひとつの財閥で一生働きつづけるというのは、
どんなものなのだろう、とちょっと気になる。
社宅、社歌、社葬。

――ウィリアム・ギブスン『ニューロマンサー』(1984年)

当時の日本企業の特異な習慣は、海を越えて世界中に知られていた。現在でも、関西電力や東京電力には中途採用者がほとんどいないという都市伝説がまことしやかに囁かれている(※実際どうなのだろう?)。日本の大企業はそれこそ丁稚奉公のように、まっさらな新入社員を年長者が育て上げるという気風を持っていた。らしい。

ところがバブル崩壊と就職氷河期の到来で、この風土は壊れた。新入社員が毎年やってくるという習慣はなくなり、現在では入社5年目、10年目の〝新人〟がいる職場も珍しくない。後輩がまったく入ってこなくなってしまったのだ。

人に何かを教えるのは、誰にでもできることではない。コツや技能が必要な分野であり、だからこそ限られた人しか教師には――何かを教えるプロには――なれない。現在の新入社員たちが配属されて最初に目にするのは、誰かを指導した経験がほとんどない〝先輩〟たちだ。バブル崩壊当時にリストラを進めなかった企業ほどこの傾向は強いだろう。新入社員を絞るという方法で人員削減を図ったはずだからだ。

現在の日本企業には「後進を育てた経験」のある人がほとんどいない。いたとしても、育てた人数が少ない。

ダイヤモンド・オンライン等のビジネス系ニュースサイトを見れば、人材育成に悩む管理職に向けた記事が溢れている。問題の深刻さを感じずにはいられない。

そして三つ目、**転職が一般化した**こと。

一つの企業に腰を据えるという風習がなくなれば、新入社員にとって合理的な戦略は「その企業で学べることを学べるだけ吸収し、自分の人的資産価値を高める」ことになる。大事なのは、あくまでも自分の経験や実績を上積みすることなのだ。企業側としてはたまらない。せっかくカネをかけて育てた社員が、投資を回収する前に他社に逃げてしまうのだから。

転職が「悪いこと」だと言いたいのではない。

個々人が最適な戦略を選ぶことの、いったい何が悪いというのだろう。転職がこれほど一般化した（企業が人材育成の投資を回収しづらくなった）のは、終身雇用制度を守れなくなった企業の側にも責任がある。そして企業が年功序列を守れなくなったのは不景気のせいだ。社会全体が抱えたジレンマであり、犯人探しは意味がない。

転職を前提として働く「合理的な個人」は、後進の育成には気を払わない。

なぜなら彼らにとって、自分の価値を高めるのが最優先課題であって、転職市場における競争相手を増やすのは合理的ではないからだ。また企業は人材育成へのコストを今後も絞り続けるだろう。新入社員にカネをかけても投資を回収できないのに対して、転職市場には魅力的な人材がゴロゴロと転がっている。

転職市場の存在により、企業は人件費を下げ続けることができる。転職によって高給を目指せるのはごく一部の超スゴイ人材だけで、大多数の人にとっては給与水準がかえって下がってしまうのではないだろうか。少なくとも、景気が低迷し続ける限り。だからこそ私たちは景気の回復を目指さなくてはいけない……。

……と、まとめても良かったのだが、

それで困るのは**これから社会人になる人たち**だ。

日本企業は今、人を育てる機能を急速に失っている。

もちろん業界や企業の設立年数にもよるが、まず、人を育てられる人がいない。さらに職場で学べる知識のうち、将来にわたって有用なものが少ない。そして転職を前提とした勤労観の出現により、先輩が後輩を育てないという傾向がますます強くなっている。にもかかわらず、能力がなければ給料が上がらない世の中になりつつある。

それが良いか悪いかは、この記事では問わない。大荒れの海原に悪態をつくのは自由だが、それで転覆を免れるわけではない。せいぜい振り落とされないよう、甲板のどこかにしがみつくしかない。

これから社会人になる人たちにアドバイスできることがあるとすれば、自分の価値を高めることに早いうちから取り組んだほうがいい。

今すぐ手軽に取り組めるのは資格試験だろう。たしかに、どこの馬の骨とも分からない私設団体が資格ビジネスで儲けることに疑問を感じないわけではない。が、何かを勉強するのは、何もしないよりもはるかにマシだ。

そして、それ以上に、**自分の好きなことで稼ぐための道を拓くこと**が重要だ。

アプリ開発に興味があるならさっさと完成させて公開してみるべきだし、ゲームを作りたいのならアルバイトでも何でもいいからゲーム業界にさっさと飛び込むべきだ。絵描きになりたいのなら絵を売れ、歌手になりたいなら歌を配信しろ。あなたを評価するのは中抜き業者ではなく消費者だ。現在では、あなたを買ってくれる人たちと直接つながることができる。そういう時代になったのだ。いわゆる〝なりたい詐欺〟からは早めに卒業したい。

働き方を見つけるということは、あなたが社会からどのように必要とされるのかを見つけるということだ。そして働き方は変わった。社会参加の方法は変わった。かつてはどこかの企業に雇われることが社会参加の方法だった。しかし今では、目の前の薄っぺらい機械を通して、社会と関わることができる。年配者には想像できないほど広い社会と、つながることができる。

いい生き方を選ぼう。

（2012.07.22）

［＊1］年代別の転職活動状況
http://doda.jp/guide/ranking/041.html

## 「そんなの知らないよ」と彼女は

「どうやって生きていけばいいだろう」と彼は言った。

「学歴もなければ大した職歴もない、ぼくらのような人間はどうやって生き残ればいいだろう」

京都、三条河原町。開店したばかりのつけ麵屋に、友人とたむろしていた。

麵大盛り根菜チャーハンセットを待ちながら彼は続けた。

「今の時代、あらゆる仕事が機械に置き換えられていっている。一昔前なら、知的な労働は人間がやるしかなかった。どんなに単純な足し算、引き算だろうと、人間の手で計算するほうが早かった。だから、ぼくたちのような人間にも仕事があった……」

と、料理が運ばれてきて、彼はちょっとだけ口を閉じる。目をむくような量の炭水化物の塊がテーブルを埋めていく。

「……だけど、今は違う」つぶやきながら、彼はわりばしを割る。「当たり前のことが当たり前にできるだけの人間なら、機械を使ったほうが安上がりだ。ぼくらのような人間の居場所は、どんどんなくなっている。なあ、ぼくらはどうやって生きていけばいいのかな」

彼は失職中で、職業訓練校でプログラミングを習っているという。

私はお冷に手を伸ばした。気づくとくちびるが乾いていた。

「そう、だね……」

すぐには答えられなかった。

＊＊＊

「そんなの知らないよ」と彼女は笑った。

数ヵ月前のことだ。私は学生時代の友人たちとドライブをしていた。国道を飛ばしていたら、遠くに郊外型の大型商業施設が見えてきた。すると、彼女は誇らしげに言ったのだ。

「あそこ、うちの会社の案件だった」

彼女は大手人材系企業で働いている。

テレビをつければ彼女の会社のCMを目にしない日はないし、コンビニに立ち寄れば彼女の会社の冊子が必ず置いてある。すてきな仕事を見つけよう、楽しく働こう……。みんなで幸せになろう的なオーラを撒き散らしながら、若者をかき集めている。

人材系企業と、郊外型商業施設。

二つのものを頭の中で結びつけることができず、私は「どういうこと？」と訊いた。

「ああいう施設を新規オープンするときは、アルバイトを一括採用するの」

ハンドルに片手を載せたまま、もう一方の手で建物を示す。

「数百人分の面接なんて、施設の人事担当者の手にあまるでしょう？　だから、うちの会社みたいな人材系企業に採用活動を一任しちゃうんだよ。どういうスタッフが欲しいのか要望を聞きながら、マッチする人材をまとめて斡旋するの」

そういうサービスを、パッケージ化して商品にしているらしい。

少しだけ速度を落として、建物の横を走り抜ける。

「新規オープンの場合なら、学生のアルバイトを避けてほしいって注文されるのが普通だね。だって、施設側としてはできるだけ長く働いてくれる人が欲しいから。現場の戦力になって、将来的には後輩を育ててくれるような人が欲しい。だから、フリーターが重宝される」

フリーターか……、と私は一人ごちる。

「そういう人って、このお店で何年ぐらい働くんだろう」

「さあ？　10年も続かないんじゃないかな、ふつう」

「そういう人って、どんなことを目標にして生きているんだろう」

「うーん、プロのミュージシャンになってメジャーデビュー、とか？」

「そういう人って、どういう人生を歩むんだろう」

彼女は申し訳なさそうに笑った。

「そんなの知らないよ」

＊＊＊

「そういうモノですよ、世の中って」

さらに数ヵ月後のことだ。私は高校時代の後輩と新宿でランチをしていた。学生の頃から優秀だった彼は、いまでは金融業界の第一線で働いている。

ブログのアクセス数が伸びるようになってから、古い友人からの連絡が増えた。彼もそんな人の一人だった。彼らの記憶の底で消えかけていた私という存在は、ブログがバズるようになったことで、にわかに生き返ることを許された。こうやって文章を書き続けていなければ、きっと誰の目にもとまらず、みんなから忘れ去られていただろう。

「ブログを書いていると、ときどき不安になるんだよ」

その時、私は柄にもなく〝相談〟をしていた。

「短い記事のなかに、言いたいことをすべて詰め込めるわけじゃない。ネタのつもりで書いたことが、本気と受け取られることも少なくない。そういうとき、批判されるだけならまだいい。私も覚悟しているから」

「へえ、先輩は煽られたらスルーできないタイプだと思っていました」

ちょっとは大人になったのだ、見くびらないでほしい。

「本当に困るのは、ネタを本気と受け取られたうえで絶賛されたとき。なんだか騙しているような気がして、申し訳ない気持ちになる。そういう時は、かならずフォローアップの記事を書くようにはしているけど……」

「気にしすぎですよ」と彼は笑った。「ソーシャルゲームを見てください。パチンコを見てください。あるいは、ネット上の知名度で商売している人たちを見てください。自分の頭で考えよう、独立国家を創ろう、SNSで一稼ぎしよう、ニートになろう……。みんな、同じじゃないですか。頭のいい人たちがバカを煽って儲けている。哀しいけれどそういうモノですよ、世の中って」

あの可愛かった後輩が、こんな言葉をさらりと言えるようになった。それが哀しかった。

「私は、あまり頭のいい人じゃないよ」

＊＊＊

「要するに、自己評価が低いんだ」

つい数日前のことだ。先斗町のバーで、たまたま隣に座った男はそう言った。

年齢は30代半ばで、会社経営者だという。バーボンで顔を赤らめながら、罵声とも嘲笑ともつかない声を上げる。

「自分のことを〝平凡〟だと信じ込んで、世界を変えるような人間だとは思っていない。自分の可能性を過小評価している。だから、会社に使い潰されるんだ」

最近話題になったいくつかのブログ記事について、私たちは話していた。

ＩＴベンチャーでがむしゃらに働いた結果、体を壊して無職になってしまったという内容の記事だ。反響は大きく、たくさんのトラックバックが書かれた。

「あの記事を書いたやつは、ほんとうは自分のことが嫌いなんじゃねえの」と男は笑った。「自分のことを、人類史に名を残すような人間だとは思っていない。だから、たかがベンチャー企業の広報ごときの仕事をありがたがる。『私みたいな人間を使ってくれてありがとうございます』と目を輝かせる。そして体を壊すまで働かされて、それでも会社に感謝するんだ」

普通の人はそういうものですよ、という言葉を私は飲み込んだ。

まずい話題を振ってしまったなあ……と、ちょっぴり後悔しながら。

男は続けた。

「まあ、俺みたいな人間からすれば助かるよ、こういう自己評価の低いやつは。……うちの会社はワガママなやつばっかりだから、滅私奉公してくれる人間が居つかないんだ」

とはいえ……、と肩をすくめる。

「滅私奉公できるやつ、自己評価の低いやつばかりが集まっても、これからの時代は商売にならないと思うんだよね。価値の薄い作業をコツコツと積み重ねて熟練しても、来年には作業そのものがなくなっているかもしれない。いや、むしろ価値の低い単純作業はなくしていかなければならない。そういう時代だ」

彼はウイスキーを呷《あお》ると、吐き捨てるように言った。

「真剣なやつは欲しい。だけど真面目なやつは、もう要らない」

＊＊＊

大盛りの麵と根菜チャーハンと煮卵を口に詰め込みながら、彼は言った。

「ちょっと前に、田舎の父親が無職で大変！みたいなブログ記事が話題になっていただろ？」

「食べるか喋るか、どっちかにしたら？」

かまわず彼は続ける。

「記事の最後のほうで、こんな田舎をどうすればいいですか？　って読者に疑問を投げかけていたやつ。覚えてる？」

---

◎無職の父と、田舎の未来について。
http://d.hatena.ne.jp/sanokazuya0306/20120922/1348323875

1．向上心があまりなく、身体が丈夫でなく、コミュニケーションが取りにくい人間に、できる仕事はあるか。

2．そういった仕事を、人口100万以上の都市まで車で4時間かかるような、田舎に作ることはできるか。
3．そういった仕事に限らず、都会から田舎に仕事を流すことはできるか。

「答えられないよな……」麺をつつきながら彼は言う。「田舎をどうするかという問題提起をする人って、大抵、ほんとうは田舎の今までの暮らしをどうするか、ってことに頭を悩ませている。今まで通りの生活をどうやって守っていくかを問うている」

でも、そんなの無理じゃん……と断言して、彼は肩を落した。

彼の出身地は岡山県。彼自身がいわゆる〝田舎の人〟だ。

「偽善者ヅラして『希望を捨てないで！』みたいなことを書いたブロガーもいたけれど、正直、腹が立った」

コミュ障の人にもできる仕事は、ある。賃金や労働時間を問わなければ、そういう仕事は田舎にもある。都会の仕事を田舎に回すことだってできる。しかし、状況を細分化することで、問題の本質から目をそらしていないか。

「今までの田舎暮らしを守れるかどうかと訊かれたら、無理だ。絶対に不可能だ」

れんげにチャーハンを載せてスープに浸して食う、という技を編み出しながら、彼は続けた。

「最近ずっと考えているんだ。学歴もなければ大した職歴もない、ぼくらのような人間はどうやって生き残ればいいだろうって。何か特別なものに人生を賭けて取り組みたいわけでもないし、平々凡々な暮らしができれば万々歳……。ぼくらみたいな〝普通の人〟は、どんどん仕事がなくなっていく。生きていけなくなる」

私は麺に手を付ける気になれず、お冷をちびちびと舐めていた。

「どうすれば、ぼくらも生きていけるような社会を作れるだろう」

「それは分からない。社会はあまりにも広いから、私には答えられない」少なくとも、今ここでは。「だけど、個人として生き延びる方法なら分かるよ」

楽しく働こう、しあわせな人生を歩もう。街にはそんな宣伝が溢れている。けれど、そういう宣伝を打っている会社の〝中の人〟も、結局は一人の人間だ。自分の人生を歩むことに必死で、フリーターたちの人生に心を痛めるヒマはない。「そんなの知らないよ」と口にするときに、ちょっぴり申し訳なさそうな顔をするのが精一杯だ。

だれも〝ぼくら〟を気に留めない。

だれも〝ぼくら〟の人生を心配してくれない。

（……そういうモノですよ、世の中って）

だから、個人としての生存戦略が必要なのだ。

社会を変えようとするのはすばらしいことだ。けれど同時に、自分自身のこともあわせて考えておかなければ。

「まず大きな方針として、交換不可能な人になるのが大事だと思う。この仕事はこの人にしかできないという立場になることができれば、絶対に食いっぱぐれない」

「聞き飽きたよ、そんな言葉」彼は鼻で笑った。「ピクシブでいくら頑張っても、売れっ子の絵描きになれるのは一握りだ。ニコ動で〈ボカロP〉として活動しても、メジャーデビューできるのはごく一部だ。そういう創作系の仕事だけじゃない。製造業にせよサービス業にせよ、自分にしかできない仕事を手にするには、それなりの能力が必要だ」

「まあ、たしかに」

「だけど、もう嫌なんだよ、努力とかそういうのは。ほとんどの人は、自分にしかできない仕事なんて持っていない。特別な能力なんて持っていない。どこまでも交換可能な〝普通の人〟だ」

だからどんなに努力しても無駄だ。

「えらい人からは『向上心がない』と叱られるかもしれない。けれど、特別な能力を持っているえらい人たちに、ぼくら〝普通の人〟のことは分からない。たとえば『スキルを磨いて収入アップ！』みたいなブログを読んでも、記事の下のほうにアフィリエイトがあると幻滅する。読んだ人を脅して、不安にさせて、教材を買わせて、結局、バカを騙して稼ぎたいだけじゃないか」

ちょっぴり考えてから、私は答えた。

「あなたは二つの勘違いをしている、と思う」

彼は箸を置いた。私は続ける。

「まず一つ目は、『交換不可能な人間になる＝えらい人になる』ではないということ。……たしかに、ネットやテレビでは才気あふれる人が耳目を集めている。ああいう人は知名度だけである程度食べていくことができるだろうね。だけど、交換不可能な人材になるというのは、飛び抜けた才能・能力を手に入れるということじゃないよ」

私もお冷のグラスを置いた。

「あなたはモーツァルトになれないし、私はアインシュタインにはなれない。あなたはあなたになるしかないいし、私は私になるしかない」

今の世の中は、果てしなく分業が進んだ世界だ。私は稲の育て方を知らないし、ＣＰＵの設計方法も分からない。一人の人間ができることよりも、できないことのほうがずっと多い。

だから〝できないことのリスト〟を作るのは無意味だ。

リストアップすべきなのは〝できること〟ではないか。

「故郷の岡山県について、あなたは私よりも豊かな知識を持っている。だけど、岡山県の県庁職員ほどではないと思う。あなたの趣味は古代中国史だから、春秋戦国時代について私よりもたくさんの知識を持っている。でも、北京大学の研究者ほどではないと思う」

「それは褒めているのか？」

「だけど、岡山と古代中国史の両方の知識を持っている人なら、どう？　かなり数が限られるはずだよ。そういう知識を持ったうえでアンドロイドのアプリを作れる人が、この日本には何人いるかな。こうやって〝できること〟のリストをどんどん長くしていけばいい。交換不可能な人になるっていうのは、そういうことだよ」

自分と同じことをしている人が、今の日本には何人いるだろう。世界には何人いるだろう。私は最近、そんなことばかりを考えている。迷ったときは、同じことをしている人が少ないほうを選んでいる。

「でも、それで食っていけるわけがないだろ。燕（※古代中国の国の名前）についてどんなに詳しくても、フェイスブックを作れるわけじゃない」

「そりゃそうだ。だって、あなたが書いてきたコードの量はマーク・ザッカーバーグよりもはるかに少ない。彼の足もとにもおよばないのに、彼と同じサービスを作れるわけがない」

絵で食べていきたければ、誰よりもたくさん絵を描くしかない。文章で食べていきたければ、誰よりもたくさん文章を書くしかない。有象無象の群れに埋没しているうちは、あなたはカネを稼げない。あなたの好きなことを職業にするには、〝群を抜く〟ことが不可欠だ。

「だから言ってるだろう。ぼくはもう努力なんてしたくないんだ」

「それが二つ目の勘違い。努力なんてしなくていい」

「は？」

「だから、努力なんてしないほうがいいんだよ。努力がつらいのは、やりたくないことをやるからだ。やる価値がわからないものを、やらされるからだ。そういう努力なら、やらなくていいよ」

無駄な苦労を尊ぶ風潮が、息苦しい社畜文化を作ってきた。

「さっき話に出てきたピクシブだけど、ランキング上位の常連の人たちってすごいよ。たとえば商業で活躍している人なら、月に何十枚も……人によっては1日1枚以上のペースで仕事をこなしつつ、たまの休日にもラクガキをしている。描くのをやめられないんだ。当然、誰にでも真似できることじゃない。誰にも真似できないからこそ、仕事になっている」

人よりもたくさん描いているから上達し、上手いからこそ仕事が来て、さらにたくさんの絵を描くことになる。いい循環ができているのだ。

「そんな特別な人の例を出されても……」

彼は苦笑した。

私も苦笑を返す。

成功している人を〝特別な人〟と考えているうちは、その人のようにはなれない。自分と違う人種だと考えているうちは、絶対に成功なんてできない。同じヒトという生き物でありながら、どうしてこんな違いが生まれたのか。そちらに目を向けるべきだ。

（……要するに、自己評価が低いんだ）

言いたいことを飲み込みながら、私は口を開いた。

「違う、そうじゃない。私はべつに、プロの絵描きの異常さを訴えたいわけじゃない。問題は、彼らがどうして絵を描き続けられるか、だよ。……ああいう人って、誰からも求められなくても絵を描いているわけでしょ？」

きっと、描かずにはいられないのだ。絵を描くことが、彼らにとってごく自然な、日常の一部なのだ。

「私が言いたいのは、**何もしなくていい時にしていることを仕事にすべき**ってことだよ。そういうモノなら、いくらでも続けられる。いくらでも上達できる。……そして、いつか、群を抜くことができる」

真面目なやつは要らないけれど、真剣なやつは欲しい。あの男はそう言った。

才能や能力は、生まれつきのものではない。どんなに優秀な弁護士でも子供のころは漢字が読めなかっただろうし、どんなに優れたプログラマでもタイピングのできない時代があった。彼らがいまの能力を手に入れたのは、積み重ねてきたものがあるからだ。生まれた直後は、どんな能力もゼロからのスタートだ。そして才能とは、上達に必要な労力が人よりも少なくて済む分野のことをいう。

「何か特別なものに人生を賭けて取り組みたいわけでもないし、平々凡々な暮らしができれば万々歳……。それでいいんだよ。そういう〝普通〟の生活のなかにも、何もしなくていい時がある。そういう時に、せずにはいられないことがある。それを仕事にすべきだ」

個人の生存戦略として。

「私たちが生き延びるためには、交換不可能な人材になるしかない。自分の〝できること〟のリストを充実させて、自分にしかできない仕事を手に入れるしかない。群を抜くのは、その方法の一つだ。そして、そのためには、何もしなくていい時にしていることを仕事にすればいい」

「かく言う君は、交換不可能な人材になれそうなの？」

私は、今度こそ本気で苦笑した。

「そんなの知らないよ」

麺は伸びていた。


(2013.12.16)

# 格差の条件

マニラは夏だった。

「イントラムロスのマニラ大聖堂まで行きたいんだ。いくらですか？」

ビジネス街マカティで、私はタクシーを探していた。窓から顔を突っ込んで尋ねると、20代後半の運転手はぶっきらぼうに答えた。

「1000ペソ」

「冗談でしょう？　200ペソが相場のはずだ」

相手はムッとした顔を浮かべる。

「オーケー、それなら300ペソでどうですか？　それで嫌なら他のクルマを探します」

彼はとたんに愛想よく微笑んでドアを開けた。高級なタクシー会社を使えば300ペソ以上、しかし彼のような一般的なメータータクシーでは200ペソ少々の距離だ。私たちの利害は一致していた。

「最近は石油が高いと聞いています。大変じゃありませんか?」

「本当にその通りだよ。俺たちの場合、ガソリン代は自腹だからね」

フィリピンは産油国だが、金額ベースで輸出額の約5倍の石油を輸入している。世界的な原油高と無関係ではないのだ。動き出したタクシーの窓の向こうを、いくつものガソリンスタンドが通りすぎていく。日本と比べればたしかに安いが、この国の平均所得を考えれば目を剝《む》くような値段が並んでいた。

「あんなにガソリンが高いと、クルマに乗る人は大変ですね」

「そうさ、だから大多数のフィリピン人はクルマなんか持っていない」

しかしベトナムのようなオートバイの大群も見かけない。

「じゃあ、フィリピンの人は何に乗って移動するんですか?」

「あいつだよ」

彼の指差した先では、ジープニーが乗客を満載していた。中古トラックを改造した乗合いバスだ。

「あれがフィリピンの庶民の足だ」

整備は行き届いていないし、運転は荒い。ときには交差点の真ん中で故障することもあるという。マニラは渋滞の街だ。その原因の一つはジープニーだと、彼は言った。タクシー運転手が商売敵に向ける目は厳しい。

「そうは言っても、フィリピンにはタクシーに乗れない人も多いんじゃありませんか?」

「マニラではそうでもないけど……。まあ、たしかに少しでも郊外に出たら、誰もタクシーなんか使えないね」

貧しいからである。


その前夜、私はＡＩＭの教授とワインを飲み交わしていた。Asian Institute of Managementはアジアを代表するビジネススクールのひとつだ。

イエローテイルのカベルネ・ソーヴィニヨン。日本人にとってはスーパーで買えるお手頃なワインだが、この国のほとんどの人は、生涯のうち一度も口にしない酒。

「フィリピンは、本当はもっと発展できるはずなんです。人口、資源、技術――。様々な経済指標から言って、フィリピンはまだ本来の力を発揮できていない」

まだ40代の教授の口ぶりは切実だった。

フィリピンのＧＤＰはベトナムの約１・６倍だ。タイには後塵を拝しているものの、人口ではタイのおよそ１・４倍。すでに少子化の始まったタイとは違い、いまだに正三角形に近い人口ピラミッドを持っている。英語が公用語という強みもある。教授の言うとおり、もっと華々しい経済発展を遂げてもおかしくないはずなのだ。

「いったい何が足枷になっているのでしょうか?」

相手は笑わなかった。

「あなたは知っているはずですよ。フィリピンに来る前にこの国の歴史を勉強したはずだ」

「勉強と言ってもウィキペディアを読んだ程度ですが……。やはり財閥ですか？」

教授はゆっくりとうなずいた。


西欧の歴史にフィリピンが登場するのは16世紀だ。スペイン領となった国土には、広大なプランテーションが築かれた。

19世紀末に米西戦争が勃発。フィリピンの領有権は戦勝国アメリカの手に移る。だが、激しい抵抗を受けて、アメリカはフィリピンの自治を認めざるをえなかった。1934年には、アメリカ議会は10年後のフィリピン独立を承認する。が、太平洋戦争の影響で、独立を勝ち得たのは1946年になってからだった。

ポイントは、アメリカが植民地支配に失敗したのみならず、農業政策の転換にも失敗したことだ。フィリピンでは現在でも、スペイン時代のプランテーションにもとづく地主と小作人の関係が続いている。全国に数十人いる強大な地主の家族が、国土の半分以上の土地を所有していると言われている。一方、農村住民のおよそ半数は、1日1ドル以下で暮らす最貧困層だという。

「たしかにフィリピンの経済を牽引しているのは、彼ら財閥です。けれど、いい影響ばかりではありません」

財閥が存在するということは、そこに利権が存在するということだ。一部の資産家が利権を守ろうとすれば、自由な経済取引は著しく制限される。そして、ミクロ経済学でお馴染みの「厚生の損失」が生じるというわけだ。

財閥の存在が経済発展にどれほど悪影響を及ぼしているか、フィリピンの知的階層の人々は（財界人も含めて）痛いほど分かっているという。しかし、財閥の力はあまりにも強く、もはや手がつけられないのだそうだ。

タクシーは渋滞に巻き込まれた。

「これはサービスだよ」

運転手はニヤリと笑うと、ハンドルを切って裏道に入った。メーターを回しているときは、できるだけ渋滞で粘ったほうが観光客からカネを搾り取れる。が、あらかじめ金額が決まっているなら、できるだけ早く目的地についたほうがトクだ。料金を先に交渉しておくと、こういう利点がある。

高層ビルの建ち並ぶ表通りから一本裏に入ると、そこには貧困が広がっていた。

いい歳の男たちが、空のビールケースに腰掛けてぼんやりと宙を見つめていた。子どもたちは襟の伸びたTシャツをまとい、裸足で駆け回っていた。地面にはチョークで描かれたラクガキと、空缶、スナック菓子の袋。

マニラの失業率は高い。豊かさを求めて農村から人々が集まってくるが、仕事が充分に行き渡らないのだ。

赤信号でタクシーが止まった。

すかさず物乞いが近寄ってきて、窓ガラスを叩いた。

運転手はチッと舌を鳴らすと、シッシッと追い払うジェスチャーをした。物乞いが立ち去ると、顔をしかめたままため息を漏らした。

「ごめんなさい、フィリピンの恥ずかしい部分を見せてしまったね」

「えっと、まあ……」

脳裏によぎったのは、ニューヨークの地下鉄だった。

＊＊＊

マンハッタンで見かけた物乞いは、じつに堂々とした態度だった。

その時、私はウォール・ストリート駅からW４駅に向かっていた。時刻は18時。友人たちと合流して、ブルーノートにのり込む予定だった。仕事を終えたばかりの乗客たちは、誰もがシワ一つないスーツを着ていた。

と、その場に似つかわしくない身なりの男が現れた。

色のあせたジーンズと毛玉だらけのネルシャツ、髪は脂でごわごわしており、メガネのレンズは曇っている。スニーカーの壊れたつま先から、足の親指がのぞいていた。幸いにも体臭はほとんどなかったが、一目見てホームレスだと分かった。彼は車両の真ん中に立ちはだかると、朗々と響く声で言った。

「俺は若いころからＹＭＣＡで奉仕活動をしてきた。今はこんな姿になってしまったが……(難しい単語でうまく聞き取れない)……だが、自分を恥じてはいない。俺に共感してくれる人がいたら、１ドルでもいい、俺をサポートしてほしい」

物乞いだ――！

理解した瞬間、私は思わず顔をうつむけた。

もしも目があったら、しつこくカネを求められるかもしれない。東京生まれの人間は冷たい。たとえ道を訊かれても、キャッチセールスだと疑って無視をする。日本にいるときの習性で、私は物乞いを視界から追い払おうとした。

そして驚くべき光景を見た。

乗り合わせた人々はサイフを開くと、カネを差し出したのだ。ベンジャミン・フランクリンの描かれた札を渡す人も珍しくなかった。ウォール・ストリートは金融の街だ。カネ持ちにとって、１００ドルなんて微々たる額かもしれない。が、そうは言っても……である。東京日本橋や大阪北浜では、絶対にお目にかかれない光景。

物乞いは車両の先頭から後ろまで、お札を集めながら練り歩いた。ステージ上のミュージシャンのように「ありがとう！」と手を振ると、隣の車両に消えた。

私が見たのは、マンハッタンではよくあることなのだろうか。

それとも、やはり珍しい出来事なのだろうか。

いずれにせよ、物乞いがあれだけのカネを集めるところは見たことがなかったし、物乞い自身が卑屈な態度を一切とらないことも衝撃だった。

ニューヨークは、マニラ以上に苛烈な格差の街だ。

しかし、ホームレスが「自分の生き方を恥じない」と言い切れる街でもあるのだ。

格差は是正すべきか否か。

格差は自己責任か、それとも社会の責任か。

リーマンショック以来、私たちは似たような議論を繰り返してきた。

アメリカの社会保障制度は日本に比べてお粗末で、悪い手本だと名指しされる。たしかに私の周囲にも、脚の骨折を廃材とダクトテープで治したと自慢げに語るアメリカ出身の友人がいる。当時、かの国には医療保険がなかった。

反面、物乞いが「サポートしてくれ」と訴えたら、ためらいなくカネを渡す人々が暮らしている。アメリカの富裕層のなかには、まるでステータスシンボルであるかのように多額の寄付金を出す人がいる。政府の保障が弱い分、相互扶助の意識は日本よりも強いのかもしれない。

「格差」を肯定するには条件がある。

助けを求められたときに、国家の仲介に頼らずカネを渡せること。そして貧しさを理由に、惨めな気持ちを味わわないこと。言い換えれば、**一人ひとりの人間が、貧富の差によらず、対等な個人として尊重しあえる**ことだ。

この条件が満たせるのなら、格差はどれだけ広がってもいい。

しかし現実には、そんな条件を無視して格差は広がり続けている。

私たちは「r＞g」の世界を生きている。

正社員と同じ仕事をしながら、はるかに安い賃金しか受け取れない契約社員がいる。日本の飲食店は、もはやアルバイトの存在なくして経営できない。運よく新卒採用で正規雇用につけたとしても、いつまでも上がらない平坦な給与カーブが若者を待ち構えている。にもかかわらず、消費税は上がり、社会保険料は上がる。自分が年金を受け取れるかどうかも分からないのに。

自由を求めて独立起業しても、成功するとは限らない。ニュースサイトではヒーローとして扱われるベンチャー経営者でも、実際には投資家の顔色をうかがってばかりだ。

私たちはカネと引き替えに、自由を売り渡してしまいがちだ。

格差は、その存在が問題なのではない。

貧困層が飢えなければいいという問題でもない。**格差によって、支配する者と支配される者が生まれる**から問題なのだ。

＊＊＊

タクシーはイントラムロスに到着した。

石造りの古い町並みは、スペインの入植者が作ったものだ。サン・アグスティン教会、サンティアゴ要塞、経済のグローバル化が始まった時代の史跡。貿易のもたらす膨大な富をもって、スペイン人は世界を制覇した。

はるか昔、メソポタミアの支配層は農作物の生産高を記録することで――原始的な会計技術によって――権力を手にした。現在のフィリピンは財閥が強大な力をふるっている。経済を牛耳ることができれば、支配力を手にできる。

しかしカネは、自由をもたらす武器でもある。

貨幣の使用によって、古代ギリシャは部族社会を終わらせた。カネがなければ、給料はなく、当然、職業選択の自由もない。兵士の家系に生まれたら死ぬまで兵士であり、農民として生まれたら死ぬまで農民だ。たとえば古代アテネには「リタージー」という制度があり、劇場での合唱や海軍の乗組員になる等、様々な奉仕活動が義務づけられていた。しかし貨幣が導入されると、これらの奉仕は瞬く間に「職業」に取って代わられた。

14世紀のイギリスで貴族階級が弱体化した背景にもカネがある。百年戦争で疲弊しきった貴族たちは、しかし貨幣経済が発達していたために負債の返済に迫られ、領地を切り売りせざるをえなかった。結果、独立自営型農民《ヨーマン》が生まれて、封建社会の終焉が始まった。独立自営型農民の誕生は、その後のピューリタン革命や産業革命、近現代の民主主義や資本主義の萌芽をもたらしたという。

そして日本で身分制度の解体が成功した背景にも、通貨の統一がある。

江戸時代の日本では、関西では丁銀、江戸では大判・小判が通貨として使用されていた。さらに、それぞれの藩が「藩札」を発行していた。明治政府はこの状況をよしとせず、全国統一通貨の「日本円」を発明した。人々は日本円さえ持っていれば、日本のどこに移動しても取引ができるようになった。大阪で稼いだカネを東京で使えるようになったのだ。これが人口の移動を加速させ、身分制度の解体を後押しした。

カネがあるから権力が生まれるのではない。カネが偏在するから、権力が生まれるのだ。

カネの存在は、本来、人々に自由をもたらす。どんな卑しい血筋に生まれた者でも、カネさえあれば劇場の1等席に座れる。カネには、あらゆる不平等を吹き飛ばす力がある。ドストエフスキーの言うとおり、カネは鋳造された自由である。

私たちとカネの関係は、今、新しい局面に入りつつある。

20世紀半ばまで「計算手」という職業があった。大企業や研究機関などで単純計算に従事していた人々だ。現在ならエクセルシート1枚でできる計算を、数人から数百人のチームで行っていた。また、今ならパソコン1台で一瞬で終わる決算作業を、ほんの30年前までは部屋いっぱいの大型コンピューターで一晩かけて計算していた。一昔前までは大企業が膨大なコストをかけていたカネの管理を、今ならスマホ1台で、ほぼノーコストでできる。

携帯電話の普及は、インド・ケララ州の漁師に多大な利益をもたらした。鮮魚は劣化が早いため、1日に1ヵ所の市場でしか売りさばけない。インドの漁師は洋上から電話をかけて、取れた魚がもっとも高値で売れる市場を調べられるようになったという［*1］。

マニラで私が乗った自動車には、「EasyTaxi」のステッカーが貼られていた。一般のタクシーをスマホから呼び出せる配車アプリだ。運転手に訊いたところ、「最高だよ！」と言っていた。客を探さずに済むので、時間もガソリン代も節約できるというわけだ。

情報技術をうまく使いこなせれば、世界はもっと豊かになる。

それこそ、部族社会が「職業」に置き換わったり、民主主義が始まったりするのと同程度の、とんでもない進歩を私たちは経験できる。使い方さえ間違えなければ、情報技術は、資本家に富を集める道具ではなく、私たち全員を豊かにする魔法の杖になる。

私たちは「r＞g」の世界を救える。そう信じてやまない。

21世紀は格差が拡大し続けるという不吉な予言を、きっと、覆すことができる。

（2015.02.10）

［＊1］佐藤隆広准教授「インドにおける携帯電話の普及について」神戸大学経済経営研究所
http://www.rieb.kobe-u.ac.jp/academic/newsletter/column/pdf/column069.pdf

# 老人に悲観論者が多いわけ
## ――2015年の始めに思うこと

毎年、正月が来るたびに悲観論を目にする。

今年も例外ではない。2015年にいいことは一つも起こらず、悪いことばかりが起こる。ここ数年、世界はどんどん悪くなっていて、日本の未来は真っ暗だ――。とくに年配の人ほど、そういう考え方になりがちのようだ。ネットで拡散されているところを見ると、一定の共感を得られる考え方なのだろう。

言うまでもなく、この考え方は間違っている。

単純に「いい」「悪い」を判別できるほど、世界のあり方と私たちの人生との関係はかんたんではない。あなたが世の中を悪くなったと感じるのは、悪くなった部分しか見ていないからである。

この原則を忘れて、私たちが悲観論に染まってしまうのはなぜだろう。どうして思慮深いはずの人々が、世の中の「善し悪し」を総合的に判断できなくなってしまうのだろう。

それは私たちの心が、過去を評価するときに「ピーク・エンドの法則」に支配されているからだ。

＊＊＊

たとえば病気の治療法について考えてほしい。

治療法Aは猛烈に痛いけれど数秒で終わるとする。一方、治療法Bは耐えられないほどではない不快感を何時間も味わうとする。あなたならどちらの治療法を選ぶだろうか。

客観的な判断をすれば、治療法Aを選ぶべきだと言える。仕事に手がつかず娯楽も心から楽しめない数時間を過ごすくらいなら、たとえどんなに痛くても数秒で終わる治療のほうが経済的だ。

逆に苦痛ではなく、快感や幸福感の場合はどうだろう。

一時的にしあわせの絶頂を味わうのと、そこそこのしあわせを長く味わうのの、どちらがより幸福な人生だと言えるだろう。客観的な判断をすれば後者だ。一時の快楽のために財産を食いつぶすのは、一般的に愚かな行為だと見なされる。

ところが実際には、私たちの「苦痛・快楽」や「不幸・幸福」は、経過時間にあまり影響されないらしい。

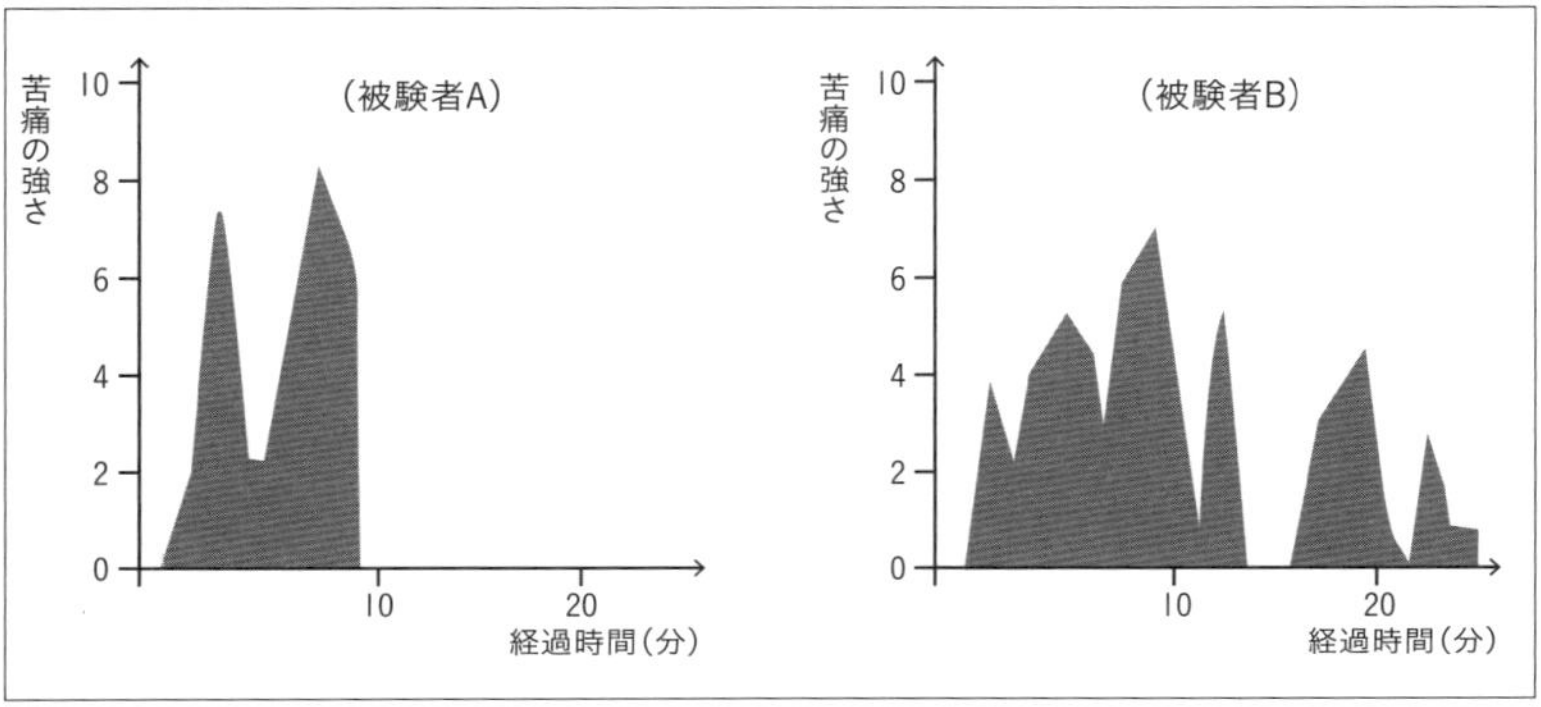

図１　レデルマイヤーの苦痛度の評価実験（出典：ダニエル・カーネマン『ファスト＆スロー』）

１９９０年代前半、トロント大学の医師ドナルド・レデルマイヤーは大腸内視鏡検査の苦痛度を調べた。当時、この検査には麻酔が使われておらず、患者は多大な苦痛に耐えなければいけなかった。レデルマイヤーは、検査中の患者に60秒おきに現在の苦痛度を10段階で評価してもらい、上記のようなグラフを多数作成した。［＊1］

客観的に判断すれば、苦痛の総量が大きいのは被験者Bだ。被験者Aはピーク時の苦痛は大きいものの、検査自体は10分程度で終わっている。一方、被験者Bはピーク時の苦痛はAほどではないが、検査自体に20分以上かかっている。模式的な図なので分かりにくいが、グラフの下の部分の面積はBのほうが大きくなる。

しかし検査後の患者に苦痛の総量を評価してもらったところ、驚くべき結果が出た。検査時間の長さは、患者が後から評価した苦痛の総量には関係なかったのだ。むしろ重要なのは「ピーク・エンド」――つまり検査中にもっとも苦痛が大きくなるときと、検査終了直前の苦痛度だった。

たとえば被験者Aの場合、ピーク時の苦痛度と検査終了直前の苦痛度がともに大きい。こういう患者の場合、検査後に苦痛の総量を高く見積もる傾向があったという。一方、被験者Bの場合はピーク時の苦痛度がAほどではなく、また苦痛が穏やかになったタイミングで検査を終えている。こういう患者は苦痛の総量を低く見積もる傾向があるという。

私たちが「苦痛」を振り返って判断するとき、経過時間は考慮されない。

苦痛だけではない。快楽や幸・不幸を判断するときにも、経過時間は見過ごされがちだ。

たとえば結婚5年目に離婚した夫婦の場合、しあわせな4年間があったとしても最後の1年で台無しになったと感じて、自分たちの結婚は不幸な失敗だったと判断するだろう。

あるいは、こんな男の例を考えてみてほしい。幼少期からずっと貧困のなかで過ごし、家族にも先立たれて天涯孤独になった――。そんな不幸な身の上の男がいたとする。しかし彼は最晩年に芸術的な才能を見いだされ、多くの人から愛されるようになった。最期には何万人ものファンに惜しまれながら亡くなった。経過時間で見れば、彼は人生の大半を不幸に過ごしている。しかしあなたはこの男の人生を、晩年の数年間で「釣り合いがとれた」と判断するのではないだろうか。

「苦痛・快楽」「不幸・幸福」を判断するとき、経過時間はあまり考慮されない。むしろピーク・エンドが重大な影響を及ぼす。

＊＊＊

ヒトは「慣れる」生き物だ。

私の姪っ子は、つい2～3年前までリンゴが大好物だった。初めて口にしたリンゴの甘さにすっかり酔いしれて、ことあるごとにリンゴをねだった。英語には、子供が甘いものを食べて興奮する様子をあらわす「sugar rush」という表現がある。糖分を口にすると、ヒトの脳内には幸福感を与える物質が分泌されるようだ。

ところが甘さに慣れるうちに、彼女はリンゴ程度では大して喜ばなくなった。甘さで彼女の機嫌を取るには、今ではショートケーキの力を借りる必要がある。

どんなに幸福な経験にも、ヒトはすぐに慣れてしまう。

これは子供から老人まで共通の原則だろう。初めてケータイで電車の乗り継ぎを調べたとき、私たちはその便利さに深く感動したはずだ。初めて「おもしろフラッシュ」やユーチューブのスーパープレイ動画を見つけたとき、感動のあまり似たような動画を探したはずだ。スカイプで初めて会話したとき、ＬＩＮＥで初めてスタンプをやりとりしたとき、私たちは多かれ少なかれ感動したはずなのだ。しかし時とともに感動は薄れていき、やがて当たり前になっていく。

一方、不幸に慣れるのは難しい。一つの不幸には慣れることができても、何千、何万という新しい不幸が降りかかってくるからだ。

「新しさ」は、ただそれだけで人を不快にさせる。

私たちの心の一部はいつでも安定を求めていて、昨日と同じ毎日が続くことを期待している。見知らぬもの、不慣れなものに対して、私たちは警戒心を持つようにできている。進化の過程で安全に生き抜くために身につけた性質だろう。たとえば新卒採用の履歴書を手書きで書かせたり、会計伝票を紙媒体で保管させたりするのは一例だ。変化を嫌うあまり、ヒトはときに利便性や効率性を無視してしまう。

すべての幸福な家庭は互いに似ているが、不幸な家庭はそれぞれの仕方で不幸であるとトルストイは言った。幸福はヒトの想像力の範囲内に収まる場合が多い。カネがあるとか、家族がお互いを愛しているとか、幸福の条件はいくらでも想像できる。しかし不幸は、大抵、想像もよらない原因でもたらされる。想像もしていない事態に陥ることそのものが、多くの場合で不幸だ。ヒトの想像力に限界がある以上、不幸のほうがバリエーション豊かになる。

＊＊＊

1年を振り返るとき、そこにはピーク・エンドの法則が働く。

つまり「幸せな時間がどれだけ続いたか」や「不幸だった日数」はあまり重視されない。幸せな経験や不幸な経験の「数」だけを、単純にカウントしてしまうのだ。

それぞれの経験のピーク時にどれほど幸福だったか（あるいは不幸だったか）だけが判断材料

になり、経過時間は考慮されない。もしも年末に面白くないできごとが起きたら、その1年すべてが面白くなかったように感じるだろう。ヒトの心はそういうふうにできている。

さらにヒトは幸福な経験にはすぐに慣れてしまうが、不幸には慣れにくい。不幸のほうがバリエーションが多く、新しい不幸が毎年発生するからだ。したがって「幸福な経験」の数は毎年減っていくが、「不幸な経験・不愉快な経験・面白くない経験」は減らない。1年を振り返ると、年齢を重ねるごとにネガティブな経験の割合が増えていくように感じるはずだ。

たとえば3年前よりも2年前は悪いことが多くて、良いことは少なかった。2年前よりも去年は悪いことが多かった——と、感じるようになる。すると当然、今年は去年よりも悪い1年になるだろうと予想してしまう。

毎年、正月に悲観論者が現れるのはこのためだ。また、年配の人ほど深い悲観に染まりやすい理由でもある。

繰り返しになるが、この世界のあり方と私たちの人生の関係は極めて複雑だ。

民主主義とは一人ひとりの妥協点を探る政治形態であり、結果として、全員が少しずつ不満を抱えることになる。何一つ社会に対して不満を感じたくないのなら、独裁者になるしかない。もしも世界が少しずつ悪くなっているように感じるとしたら、あなたが悪くなった部分だけを見ているか、あるいは世界について詳しくなったのだ。「世の中が毎年悪くなる」というのは、ピーク・エンドの法則に縛られた私たちの脳が見せる錯覚だ。

この錯覚から脱する方法は二つある。

一つは、どんなものにも新鮮な感動を忘れないこと。いつも子供のように喜ぶことだ。電話をかけるときは、電信が始まったばかりの明治時代を想像してみるといい。食事をするときは、飢饉の頻発した江戸時代を思い出すといい。待ち合わせ場所をグーグルマップで確認するとき、飲み会の出欠をＬＩＮＥで取るとき、「それらの無かったころ」に思いを馳せるのだ。

私たちの暮らしは年を追うごとに便利で快適になっている。たしかに技術革新が新しい問題をもたらす場合も珍しくない。が、その技術によって解決された問題と比較するのは難しい。「便利になった喜び」をヒトはすぐに忘れてしまうからだ。少なくとも数年前まで、歌舞伎町のぼったくり居酒屋がネット上で告発されることはなく、ぼったくりを回避するのは今ほど簡単ではなかった。

もう一つの方法は、経過時間を意識することだ。

単純な数だけを比較すれば、年を追うごとに「イヤな経験」のほうが増えていく。しかし時間を比べたらどうだろう。「イヤなことがあった日数」は、なかった日数に比べてどれぐらい多いだろう。経過時間から客観的に判断すれば、きっと違う結論が見えてくるはずだ。

今年は、第二次世界大戦から70年だ。

70年間にわたり日本は他国と直接の戦争をしていない。

継続時間から判断すれば、これは驚異的な成果だ。不幸には様々なバリエーションがあると私は書いた。しかし戦争は、ほぼすべての人にとって不幸になりうる数少ないものの一つだ。これほど長い期間、この不幸を遠ざけてきたことは、日本人にとって代えがたい「しあわせ」ではないか。一日でも長くこの「しあわせ」を維持できることを私は願ってやまない。
２０１５年の「楽しい時間」が、そうでない時間よりも長くなりますように。
新年、明けましておめでとうございます。

（2015.01.02）



［＊1］ダニエル・カーネマン『ファスト&スロー』ハヤカワ・ノンフィクション文庫 下巻 p.264

## 大人になるのは難しい。親になるのはもっと難しい。

「あたしの会社では、育休を取ると人事評定がリセットされるの」

午後のファミレスで、私たちはコーヒーを片手にケーキをつついていた。

「制度上は男女ともに最長で3年間の育休を取れることになっているんだ。でも、たとえ3ヵ月でも育休を取れば人事考課がゼロになってしまう。だから出世を目指す男の人は取れないし、総合職の女は、子供か仕事かの二者択一を迫られるんだよ」

彼女の勤務先は、誰もが知っている大手メーカー。文句なしのホワイト企業で、給与も福利厚生も充実している。現代日本の平均的な女性に比べれば、はるかに子供を産みやすい立場だ。それでも妊娠・出産にはためらうという。

言うまでもなく、子育てが経済的損失につながるからだ。

産休や育休を取ることで、本来なら得られたはずの地位と待遇を得られなくなる。こういう損失のことを機会費用《オポチュニティー・コスト》と呼ぶ。

そもそも日本は子育てにカネがかかり、低所得層の男女に出産をためらわせる。この友人のようなキャリアウーマンの場合は、そこにオポチュニティー・コストが加わる。給与が良くても、子育てのコストが軽くなるわけではないのだ。結果として、貧乏人からカネ持ちにいたるまで、誰も子供を産みたがらない世の中になっている。

「20年経ったら変わるのかな」チョコパフェを切り崩しながら私は答えた。「子供を産みづらい制度が放置されているのは、結局、今の経営陣や管理職の考え方が古いからでしょう」

女は結婚したら仕事をやめて、子育てに専念するべき。男は育児なんかせずに仕事に打ち込むべき。そういう考え方の人間がトップに居座っているから、何も変わらないのだ。

「だけど20年経ったら、そういう人たちは引退する。私たちの世代が、力のある地位を占めるようになる。そうなれば古くさい制度を一掃できる」

友人は首を振った。

「それじゃ、遅いよ。何もかも遅すぎるよ」

彼女はスマホに指を滑らせて、1枚の画像を検索した。20年後の人口構成比の予想グラフだった。膨大な数の老年層がキノコの傘のように覆い被さり、ごくわずかな若年層がそれを支えている。

「20年も経ったら、日本は信じられないほどの高齢化社会に突入する。1人の現役世代で、バカバカしいほどたくさんの老人を支えなければいけなくなる。20年後の現役世代に貧しい思いをさせないためには、現役世代の数そのものを増やすしかない」

そして、子供が現役の労働者になるには20年かかる。

「だから今、子供を産まないと遅いんだよ」

私は首をかしげた。

「そこまで分かってるのに、あなたは子供を産まないの？」

友人は伏し目がちに笑った。

「あたし一人が子供を産んでも、砂漠にコップ1杯の水を撒くようなものでしょう？」

世の中全体が変わろうとしなければ意味がないのだ。

＊＊＊

コーヒーのおかわりを注文した。カップをかき混ぜながら友人は続けた。

「そもそも今の日本って、一昔前のジェンダーロールに沿って生きていくのがいちばん合理的にできているよね。企業の人事制度も、国の法律も」

「一昔前って、高度経済成長のころの？」

「そう。たぶん高度成長期のころの。ベッドタウンの集合住宅に夫婦で暮らして、子供は1人か2人で、男は仕事に専念して、女は専業主婦になる」

そういう男女の役割分担のことをジェンダーロールという。

「だけど、そんな昭和のドラマみたいな生き方をできる人なんて……」

「うん。今の時代はほとんどいないと思うよ。まあ、うちの会社の先輩夫婦には多いけどさ」

彼女は皮肉っぽく言った。

「あたしが子供を作らずに働いたカネを天引きされて、働いてもいない専業主婦のために使われているわけ。正直、ふざけんなって思うよね。なんで働かない女のために、あたしが負担を強いられなくちゃいけないの？」

あなたがそう思うのは、あなたが強い人だからだ——、というセリフは飲み込んだ。

実際には、専業主婦すべてが優雅な暮らしを送っているわけではない。たしかに彼女の会社の先輩夫婦では、妻たちが贅沢な有閑生活を楽しんでいるのかもしれない。けれど、それは社会全体から見れば希有な例だ。大抵の専業主婦はパートタイムやアルバイトをして、少しでも家計をラクにしようとしているはずだ。すべての女が、この友人のように賢く、稼ぐ能力を持っているわけではない。

しかし同時に、友人の言い分にも一理ある。

本来なら生活に余裕があるはずの彼女のような人が、迷いなく出産・育児ができないのはおかしい。少なくとも、社会的な育児コスト・教育コストを女同士で奪い合っている現状は、健全とは言えない。

彼女は冷笑した。

「しかも、今の時代、カネを稼ぐことだけが社会的な成功だと見なされがちでしょう。この社会を持続可能なものにするためには、本当はカネを稼ぐだけじゃなくて、きちんと次世代を育てないといけないのに」

氷のように冷たい口調だった。

「あたし、カネ儲けだけをしてきた人の人生訓が許せないんだ。『これが正しい生き方です』と教える人が、出産経験もなければ子供を育てたこともない。そんな人の指し示す生き方が、社会を持続可能なものにするとは思えない」

私は返事ができなかった。

＊＊＊

追加で注文したモンブランが運ばれてきた。今夜はジョギングするから大丈夫と自分に言い聞かせつつ、私は栗にかぶりつく。

「今の年上世代だって、本当は高齢化社会が来ることに戦々恐々としているはずだよね。なのに、制度を変えようとしない。だから少子化が回避できないんだよ」

「制度だけの問題かなぁ……」

私が言うと、彼女は目をぱちくりとさせた。

「どういうこと?」

「どんなに制度が充実して、現実に即したものになっても、私たちは本当に子供を作れるのかな」

口の周りについたクリームをぬぐいながら私は続けた。

「もちろん先立つものはカネだから、子育てしやすい制度設計にしないとダメだと思うよ。だけど今の時代って、精神的にも子供を作るのが難しいと思うんだよ。ただでさえ大人になるのが難しいんだから、親になるのはもっと難しい」

モンブランの土台のマカロンを潰しながら、私は訊いた。

「たとえばあなたは去年、ジャカルタに1ヵ月行っていた。来年はクアラルンプールに長期出張が決まっている。将来的には海外駐在員になるかもしれない。10年後に何をして暮らしているか分からない」

将来が見えない。これはキャリアウーマンに限ったことではない。

「フリーターや契約社員はもちろん、中小企業では転職が当たり前。今、需要の高い職業のトップ10位は、10年前には存在すらしていなかった。これから10年後に自分がどこで何をしているのか、分からない人のほうが多いと思う」

「そうだね」と彼女は言った。「将来が分からないから、大人になれない」

この先、自分は〝これ〟を続けていくのだ――。胸を張ってそう言いづらい時代だ。

「もっと昔、それこそ150年くらい前なら、人生はもっとかんたんだったのかなぁ」

私がぼやくと、彼女はうなずいた。

「たぶん、そうかも。おらが村の大家族の一人として生まれて、厳しい家父長制のなかで育つ。15歳くらいまでに野良仕事や家事を一通りこなせるようになって、一生〝これ〟を続けていくのだと覚悟できる」

「それがしあわせな生き方かどうかは分からないけど……」

「でも、今のあたしたちみたいに将来が見えないなんてことはなかった。だから10代のうちに子供ができても、『親』の役割を果たすことができた。親としての心構えを持つことができた」

しかし現代は違う。

技術革新は指数関数的に進み、世の中はめまぐるしく変化している。

フェイスブックの創業は2004年。

ユーチューブのサービス開始が2005年。

ツイッターが始まったのは2006年だ。

今の私たちに必要不可欠なものが、10年前にはなかった。

ウィキペディアの日本語版対応が2001年、しかし10年前のそれは信用に足る情報が少なく、使いものにならなかった。10年前の私たちは、現在を予想できなかった。だから10年後を予測するのも、不可能に近い。

世の中の未来も、自分の進む道も見えないまま、私たちは大人にならなければいけない。

「子供に子供は育てられない。大人になるのが難しいんだから、子供が減るのは当然だよ」

「私たちは、いつになったら大人になれるんだろう」

＊＊＊

貧乏人から高所得者に至るまで、現在の日本では子育てに充分なカネを持っていない。

「この金額があれば子供を残せる」と思うに足る収入を得ていない。

だから、誰も子供を作ろうとしない。これを解決するには、制度を現実に即したものにして、子育てのコストを下げるしかない。高度経済成長期のジェンダーロールを捨てなければ、そうした実用的な制度を作るのは難しい。

「そして何より難しいのは」と私は言った。「この時代に、大人になることだと思う。自分の将来が不透明なまま、それでも大人として自立した心を持ち、子供を育てることだと思う。どうすればいいのか見当もつかないよ」

するると友人は、小さく笑った。

「そんなのかんたんだよ。それこそ、技術を有効に使えばいいんじゃないの？　この時代に子育てをしている人たちが、どういう職業について、何を考えているのか。それを広く共有すればいい。情報の共有こそＩＴの得意分野でしょう」

技術革新が嵐のように吹きあれて、今の私たちは将来が見えなくなっている。しかし、この時代に次世代を育てる方法も、ＩＴによって切り開かれるはず――。彼女は続けた。

「親としての心構えは、すでに親になった人たちと共有すればいい。子育てに便利な制度の情報も共有できる。そして、より適切な制度にしてくれと年上世代に訴えるときにも、きっと情報技術が役に立つはず」

「年上世代に訴える、か……」

たとえばネットを通じた選挙活動とか、そういうものをイメージしているのだろうか。

「女の社会進出によって、今の女は男並みに働くようになった」彼女は世界を飛び回っている。

「だから今度は――」

「男が女並みになるべき？」

「そう、男が女並みにならないといけない。仕事だけじゃなくて、社会の持続可能性について考えなければいけないと思う。そういう考え方が当たり前の世の中にしなければいけないと思う」

自分一人が子供を産んでも砂漠に水を撒くようなものだと彼女は言った。世の中全体が変わらなければいけないのだと。私たちみんなが変わらなければ意味がないと。

「だけど私たちにできるのかな、世の中を変えるなんて大それたこと」

「できるか、できないかじゃないよ」

テーブルの上のスマートフォンは人口構成比のグラフを表示している。

「やるしかないんだよ」
失敗すれば、日本終了なのだから。

（2013.11.25）

第2章

# 未来の仕事を考える

## なぜあなたはミスをするのか？――非効率なホワイトカラーと21世紀に求められる人材

日本人は労働生産性が低いという。

とくにホワイトカラーの仕事の効率化が急務だという話をよく耳にする。「働き方を変えるべきだ」と啖呵を切る人は多いけれど、では、どのように変えればいいのだろう。具体的施策はおろか、方針すら見つけられずにいる。

また、現在の教育の形態は18世紀からほとんど変わっておらず、とっくに制度疲労を起こしているという。情報技術の発達により「知のあり方」が変わった。だから教育も変わらなければ――。そう訴える人は多いけれど、では、どのように変えればいいのだろう。なんとなくのイメージではなく、明快な方針を見つけたい。

＊＊＊

端的に言って、今までの学校教育は「ミスしない人」を育てるものだった。各企業の人材育成も、その延長線上だった。日本ではミスをしない人ほどいい職に就くことができ、ミスをしない人ほど高い地位へと出世できた。受験や成績考課だけではない。教室や職場での人間関係でも「ミスをしない」ことが重視され、一度でも失敗した人間は社会から排斥された。かくして日本人は総じてミスの少ない国民に育った。

この「ミスの少ない国民性」は、一昔前まではたしかに有用だったのかもしれない。

たとえばエクセルも電卓もない時代から、大企業は年間数百万件、数千万件の取引をしていた。すべての仕訳を人の手で帳簿につけ、あらゆる税金や引当金をそろばんで計算していた。ミスをしない国民性があったからこそ、当時の日本企業は他のどの国よりも正確な財務管理を行い、適確な経営判断を行うことができたはずだ。今では想像もできないが、バブルのころの日本企業は世界を飲み込んでしまうと危惧されるほどだった。「ミスしない」ことを偏重する社会が、日本の好景気を陰で支えていた。

ところが情報技術の発達により、人間よりもはるかにミスの少ない機械を、極めて安価で使えるようになった。そして「ミスしない人」の価値は暴落した。とくに製造業の現場では顕著で、今では巨大な生産ラインがわずか数人のスタッフで運営されている。ブルーカラーの仕事はどこまでも効率化された。

ところがホワイトカラーの職場では、そうならなかった。

というより、ホワイトカラーの労働者たちの多くは気づかなかったのだ。「ミスしない人」

にはすでに価値がないと。自分たちの仕事のほとんどすべてを、機械に置き換えたほうが安上がりだと。

ミスをしないヒトはいない。

当たり前だが、人間は必ずミスをする。

どんなに真面目で勤勉な人でも、絶対にミスをするのだ。

「ミスしない人」を育てる時代は終わった。

「ミスしない」のは無価値だと気づくことが、ホワイトカラーの仕事を効率化する第一歩だ。

ヒトは絶対にミスをする。ミスの許されない仕事は、すべて機械にやらせるべきだ。これからの時代に必要とされるのは、ミスのない環境を作れる人だ。ミスのない仕組みを設計して、構築できる人だ。

＊＊＊

本来、「知的であること」と「ミスしないこと」は一致しない。

にもかかわらず、日本では「ミスしない子供」に高い成績が与えられる。

決められた時間内にミスせずに課題をこなすこと。入学試験をはじめとするあらゆるテストが「ミスの有無」を評価するようにできており、ミスの少なさが得点につながるように設計されている。教育の理想や目的は分からないが、実態として日本の教育制度は「ミスのない人」

を育成するようにできている。

情報技術がいまほど身近ではなかった時代、この教育はたしかに世の中に豊かさをもたらしていた。

効率的な制度運営は、世の中の豊かさに直結する。たとえばナイジェリアは豊富な石油資源を持っていながら、社会制度がボロボロなために今でも貧困国の立場に甘んじている［＊1］。破綻する以前のＪＡＬは、各便の収支金額が2ヵ月後まで分からなかった［＊2］。屋台骨となる「仕組み」に難点があると、それは社会や組織を滅ぼしかねない。

無人島に漂着したときに役立つのは理系知識だけだ、だから文系知識は無価値だという主張を見かけたことがある。が、これは人間というものを分かっていない意見だ。制度や仕組みがなければ豊かな社会は作れない。無人島に漂着した人間が2人以上ならば、食糧の分配や採集活動の分担など、社会的な取り決めが――つまり「制度」が必要になる。

社会を豊かにするには、制度や仕組みが不可欠で、それが間違いなく、確実に、正確に、運用される必要がある。「ミスしない人」の出番だ。

情報機器が氾濫する以前は、「ミスしない人」は貴重な人材だった。

労務制度や税法、会計制度などのルールを記憶して、そのルールどおりに書類や数字を動かす……。コンピューターのない時代には、人の脳みそを使うしかなかった。「ミスしない人」が多ければ、それだけ精密な制度運用が可能になり、社会の豊かさや企業の業績を向上させられる。ひたすら「ミスしない人」を育てた日本は、他国に対してすさまじい優位性を持っていただろう。

ただし、一昔前まで。

大前提として、どんな人でも必ずミスをする。ヒトよりミスが少なくて安価な機械があるのなら、それを用いたほうが効率的だ。ルールを覚えて、ルール通りに数字を動かすのは、まさにコンピューターが得意としている分野だ。ヒトがルールを覚える時代は、とっくの昔に終わっている。それに気づいていない人があまりにも多いから、日本では非効率なホワイトカラーの労働者に多額のカネが浪費され、労働生産性が低い水準のままなのだ。

ホワイトカラーの仕事の効率化が進まないのも無理はない。

彼らの仕事を機械に置き換えるということは、彼らの今までの仕事を否定するということだ。彼らが今まで勉強してきた知識が、価値を失うということだ。自動車工場にロボットが導入され始めたころ、当時のブルーカラーの労働者たちは製造ラインの機械化に反対していた。それと同じことが、今度はホワイトカラーの職場で起こるだろう。

＊＊＊

機械のせいで失業が増えることには賛成できない。「効率化」は失業をもたらすだけで、社会に豊かさをもたらさない。そう主張する人もいるだろう。

ご指摘の通りだ。労働の機械化・効率化があまりにも急速に進むと、それは失業につながる。しかし長期的な視野で見れば、話は別だ。

そもそも「豊かさ」とは何だろう。

科学ジャーナリストのマット・リドレーは、豊かさとは「単純な生産活動で多様な消費ができること」だと定義した[*3]。私たちの先祖が狩猟採集生活をしていたころ、彼らは自分たちの手で食糧を確保し、衣服をつくろい、住居を建設していた。多様な生産活動をしながら、衣食住という最低限の消費活動しかできなかった。人類は分業により一人当たりの生産活動を単純化させ、消費活動を多様化させてきた。

分業による生産活動の単純化を、「効率化」と言い換えてもいいだろう。

たとえばあなたが縄文人だとして、1日分の魚を釣り上げるのには何時間かかるだろう。運が良ければ1時間で仕事を終えられるかもしれない。あなたが若い縄文人で、まだ釣りに熟練していないなら、半日、丸1日をかけても食糧を得られないかもしれない。

ところが今なら魚1匹をコイン1枚で買える。時給千円のアルバイトなら、わずか6分間の労働でサンマ1尾を得られる。

これが「効率化」だ。

たとえば米1俵の値段は、昭和30年頃に約4000円だったものが、平成15年ごろには約1万5000円、およそ3・5倍になった[*4]。一方、国家公務員の初任給は昭和30年頃に8

700円だったものが、平成15年ごろには約18万円、およそ20倍になった[＊5]。つまり所得に対する米の価値は5分の1以下に下落した。「物価の優等生」と呼ばれる鶏卵にいたっては、昭和30年代から現在まで値段がほとんど変わっていない。所得に対する米や卵の相対的な価格は下落しているのだ。これは食料品全体に当てはまる現象で、背景には生産技術の向上と効率化がある。

食料品の価格下落とともに農業従事者の比率は減り続けた。では、失業が増えたか？　とんでもない。都会に出てきた農村出身者たちは第二次産業に従事し、日本の高度経済成長を支えた。食糧生産が効率化されたからこそ、農作業をしない時間に新たな消費が生まれ、農作業をしない人々が新たな消費を行った。

食糧生産の効率化がなければ、テレビも洗濯機も冷蔵庫も売れなかった。人々は食糧を買うのに精一杯で、工業製品を買うような余裕はなかったはずだ。カラーテレビやエアコン、自家用車が人々の手に届くようになったのは、製造技術の効率化により価格が下落したからだ。かつては一生働いても買えなかったものが、数年の労働で手に入るようになった。なにかを入手するために必要な労働時間が減少すること。それが価格の下落だ。

生産活動の効率化は余暇を生む。
余暇は新たな消費を生み、新たな産業を生む。
食料品や生活必需品が昭和30年代並みに高価だったら、ＤＶＤプレイヤーもゲーム機も売れなかっただろう。アニメーションスタジオ「シャフト」が『魔法少女まどか☆マギカ』を作れたのは、ＤＶＤやブルーレイに使えるほどカネが余っている人がいたからだ。生活必需品の価格下落がなければ、あんな高品質な娯楽作品は売れないし、そもそもアニメが産業として成り立つかどうかも怪しい。現在のように多数の制作会社がしのぎを削るなんて、絶対に不可能だ。昭和中期には考えられないほど多様な消費を、現在の私たちは享受している。

産業の効率化は「単純な生産活動で・多様な消費ができること」につながる。つまり豊かさをもたらす。

この流れの行きつく先は、たとえばニコニコ動画のクリエイターがアフィリエイトだけで食っていけるほど生活必需品の価格が下がった世界、あるいは自宅からのワンクリックだけで生産現場のラインを管理できる世界だ。

その時代には、いまの私たちには想像もつかないような消費活動が生まれ、新しい産業となっているだろう。その産業の名前を、たぶん私たちはまだ知らない。昭和30年代にＷＥＢデザイナーという職業は存在しなかった。

＊＊＊

話をホワイトカラーに戻そう。事務職の仕事は効率化されるべきだろうか？

もちろん答えはイエスだ。

産業の効率化は新たな消費と産業、雇用を生む。

ルールを記憶して、ルール通りに書類や数字を処理する。それらは最終的にはコンピューターがすべき仕事であって、人間の仕事ではない。現在でさえ低賃金な途上国へのアウトソーシングが進んでおり、日本人がそういう仕事を目指しても職にあぶれる。この日本では、もはや「ミスしない人」に価値はない。

これからの時代に必要とされるのは「環境を作れる人」だ、ミスのない環境を。

これは単にプログラムが書けるとか、アプリを作れるなどの意味ではない。もちろん情報技術に特化した専門家も必要だろう。分業は必須だ。が、IT技術者だけが「ミスのない環境を作れる人」ではない。たとえば報告・連絡の取り方や、意思決定の方法など、より広い意味での仕事環境の話をしている。

40年前、大企業の経理・財務部門には100人以上の人員が割かれていた。

なにしろ電卓もない時代だ。腕カバーをつけた経理職員が手書きの伝票をめくり、そろばんを弾きながら働いていた。帳簿から帳簿への転記、あらゆる経理雑務、そしてお茶くみや若手社員のお嫁さん候補として、大量の女子社員が雇われていた。

そういう職場風景は、電算機の発達にともない変わっていった。現在ではどんな大企業でも数人～十数人のスタッフしか置かず、会計システムとエクセルで仕事をこなしている。

40年後には、経理や財務という部署そのものがなくなるだろう。すべての取引を電子決済ですませ、税金計算から連結決算、財務諸表の作成まですべてモバイル端末が自動で行う。そういう時代が来るはずだ。

いま必要なのは、電子端末の代わりになれる人ではない。

そういう時代に向かって仕事環境を設計・構築できる人だ。

ホワイトカラーの働き方を変えるべきだと主張する人は多い。「ミスしないように事務処理をする」のが今までのホワイトカラーの仕事だった。これからは「ミスのない環境を作る」ことが彼らの仕事になる。

現在の教育は時代遅れだという人は多い。たしかに「ミスしない人を育てる」ことは、本人にとっても社会にとっても不幸だ。もちろん教育の目的は「社会の一員を育てること」であって、人材育成は巨大な目標のごく一部でしかない。しかし、その小さな一部分に限って言えば、これからは「ミスのない環境を作れる人」を育てていかなくてはならない。

ヒトは必ずミスをする。

あなたがミスをするのは、身もフタもないが、あなたが人間だからだ。

8世紀頃のスペインで、とある錬金術師がワインをうっかり暖炉にこぼした。人工生命体《ホムンクルス》を作る実験の最中だったという。暖炉の石のうえでワインが2回沸騰することに、彼は気づいた。この発見から蒸留技術が生まれ、ブランデーが作られ、ウイスキーやウォッカ、日本の焼酎が発明されていった。

「うっかり」から生まれたものは多い。

グラハム・ベルはうっかり希硫酸をズボンにこぼして、助手のワトソンを呼びつけた。このときの「おい、ワトソンくん来てくれ！」という一言から電話の歴史は始まった。ベルギーの技術者ゼノブ・グラムは自作の発電機をデモンストレーションしている時に、うっかり2台の発電機をつないでしまった。そして発電機がモーターとしても使えることを発見し、現代の電気文明の端緒を開いた。ライト兄弟の飛行機にせよ、本田宗一郎の空冷エンジンにせよ、発明の過程には「うっかり」がある。

人類の目覚ましい進歩は、誰かのミスによってもたらされる。そう思わずにはいられない。

ミスの否定は、ヒトの創造性の否定だ。「ミスしない人」を育てることは、その人の人間性を抑圧することにほかならない。ミスが許されない状況下では、誰もがリスクを回避し、失敗を隠匿《いんとく》する。しかしミスを容認する状況下ならば、ミスの原因がきちんと分析・検討され、かえってミスの少ない環境を作り出せる。

ミスの許されない仕事は機械にさせよう。

ミスをするのは、ヒトの仕事だ。


(2012.07.13)

［＊1］ロバート・ゲスト、伊藤真 訳『アフリカ 苦悩する大陸』東洋経済新報社

［＊2］ＪＡＬ再生奮闘記 - ダイヤモンド・オンライン
http://diamond.jp/articles/-/16284

［＊3］マット・リドレー、柴田裕之ほか訳『繁栄 明日を切り拓くための人類10万年史』早川書房

［＊4］歴史が語る米価格表 - 魚沼生産者
http://www.seisansya-uonuma.com/rekishi.html

［＊5］国家公務員の初任給の変遷（行政職俸給表（1））- 人事院
http://www.jinji.go.jp/kyuuyo/kou/starting_salary.pdf

# 「そんなん言うなら辞めます」と言えない社会

ブラック企業にせよ、就職活動の異様な過熱ぶりにせよ、あらゆる労働問題のキモは「そんなん言うなら辞めます」と労働者が言えないことだ。マクロでの処方箋は、人手不足を引き起こすほど景気を加熱させること。ミクロでの処方箋は、企業に頼らなくても生きていけるよう収入源を分散させること。これしかない。

そもそもブラック企業とは何だろう？

様々な定義があるだろうが、私は次の三つの条件を満たす企業のことだと考えている。まず社員の自由を奪うこと。そして社員の権利を侵害すること。さらに社員の人格を否定することだ。

不況時には、すべての企業が多かれ少なかれブラック化する。

まず確認したいのは、雇用契約が労使の対等な立場で行われるとは限らないことだ。たとえば研修として新卒社員を軟禁するのは明らかな自由の剝奪だ。が、よほど懲罰的な研修を行わない限り、単なる軟禁状態が問題視されることはない。なぜなら「新卒社員は自由な選択肢の中から軟禁のある企業を選んだ」と見なされるからだ。

ところが不況時には、この「自由な選択肢」が著しく狭くなる。新卒社員は自由の剝奪を甘受するしかなくなる。雇用契約は、自由で対等な立場から結ばれるとは限らない。他に収入源の選択肢がないのなら、労働者は多少の不満には目をつぶってしまう。企業側から無茶な命令をされたときにも「そんなん言うなら辞めます」と言えなくなる。

1950年代には働く人の6割近くが自営業者だった。被雇用者は4割弱しかいなかった。ところが現在では、被雇用者は9割に届こうとしている[*1]。「雇われて生きる」のが当たり前になった社会は、やはりどこかおかしい。個人の自由や、幸福追求が踏みにじられても、誰も、何も感じなくなるからだ。

たとえば単身赴任のせいで、生まれたばかりの赤ん坊と会えない父親。

遠隔地への配属のせいで、結婚を約束した恋人と会えない新入社員。

そんなのありふれているし、ガマンしなさいと大人は言う。それが人生なのだ、と。

だけど、そんなの本当はおかしいはずだ。

愛はカネよりも尊いはずだ。

これを当然だと感じること自体が、「雇われて生きる」のが当たり前になった時代の弊害だ。

普遍的な人生観などではなく、社会情勢によって刷り込まれた一時的な価値観にすぎない。

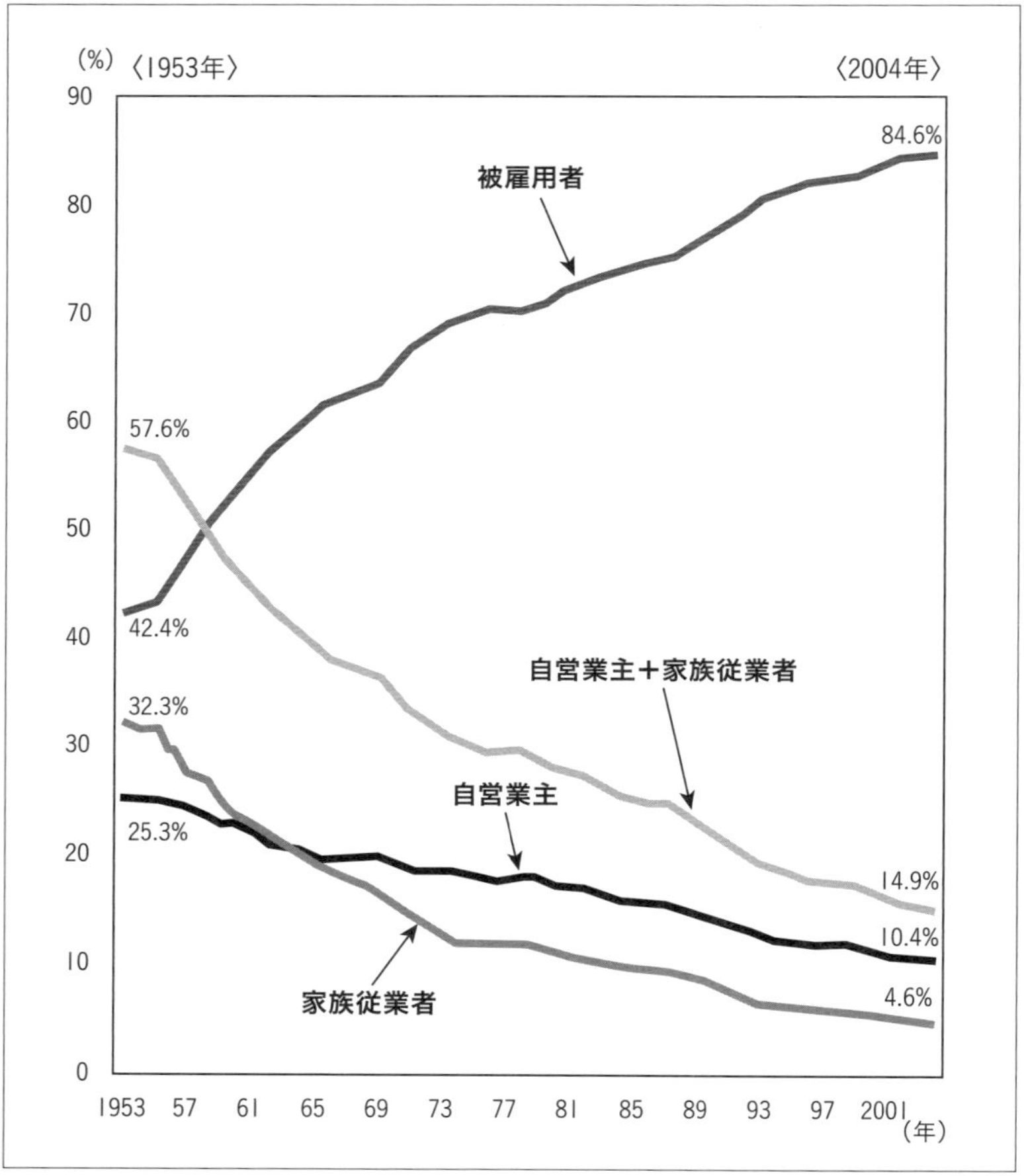


図 1　就業者数に占める被雇用者および自営業主の割合

＊総務省「労働力調査」をもとに国土交通省国土計画局作成

たかが――そう、「たかが」だ――たかが会社のために、なぜ個人が苦しまなければならないのか。なぜ個人の幸福追求と企業の利益追求を一致させて、ともに笑うことができないのか。なぜ個人の自由が、こんなにもかんたんに踏みにじられるのか。なぜ誰も「おかしい」と言わず、堪え忍んでしまうのか。

だから私は「おかしい」と言おう。

単身赴任の存在が、本当はおかしい。

遠距離恋愛の存在が、本当はおかしい。

雇用主から無茶を言われたときに「いやです」と言えないことが、本当はおかしい。

クビを切られたら路頭に迷うことが、本当はおかしい。

「あなたはこの会社にどんな貢献ができますか?」と訊かれるのは、本当はおかしい。

本来なら逆であるべきだ。

その企業で働くことで、個人の人生がどれだけ豊かになるのかを問うべきだ。

いかなる経済的理由を以てしても、個人の自由を否定することはできない。個人の権利が剥奪されてはならない。人格が否定されてはならない。自分の愛する者のためでないかぎり、人は涙を流してはならない。金銭的な理由で涙を流すようなことがあってはならない。

貧困から解放されると、個人の自由は拡大する。

昭和の時代に「雇われて生きる」のが当たり前になったのは、所得を増やして自由を拡大するためだった。被雇用者の比率が増えるのは、経済的に豊かな先進国に共通の現象だという。自家用車に乗る自由、白物家電を揃える自由、マイホームに住む自由。そういう自由を獲得するために、20世紀の労働者はそれ以外の自由を手放した。

だが今はもう昭和ではないし、20世紀でもない。

私たちは所得のみならず、それ以上の自由を要求していいはずだ。

個人の自由を拡大するために、まず政治には好景気を求めるべきだ。GDPやインフレ率だけでなく、有効求人倍率や失業率、あるいは鬱病の発生率などをKPIとして政策評価をすべきだろう。

たとえば日本人の生活水準が著しく向上して一億総中流を達成したのは、1960年代後半から1970年代前半にかけてだ。この時代の有効求人倍率は平均すると1・2ぐらいあり、圧倒的な「売り手市場」だった[*2]。バブル崩壊以後、これほどの高率は記録されていない。個人の自由を拡大するためには「売り手市場」を維持することが重要だ。少なくとも有効求人倍率が1・0を下回ったら、私たちは政治の無策を批判すべきだ。

また個人の自由を拡大するためには、一人ひとりが複数の収入源を持つことも重要だ。一つの職場で耐えがたい苦痛を与えられたときに、すぐに別の収入手段へと逃げられること。もしも、すべての労働者がそうなれば、企業はブラックな要求をできなくなる。

私のブログでは以前から、義務教育への「簿記」の導入を提案している。人気資格のなかでも、簿記だけは異質だ。英語は喋らなくても生きていけるし、秘書の資格などなくても困らない。しかしカネがなければ生きていけない。そして簿記を知らなければ、効率よくカネを稼ぐこともできない。

近現代の簿記は、ルネサンス期のイタリアで完成した。簿記には数百年の歴史があり、日本でも明治時代には多くの小学校で簿記を教えていた。簿記は会計学の入り口であり、会計学は経営の入り口だ。

日本では戦後、なぜか義務教育から簿記が取り除かれてしまった。そのために起業のハードルが高くなり、副業を持つのが難しくなり、雇われるのが当たり前になってしまった。

ドイツの経済学者ヴェルナー・ゾンバルトいわく、資本主義は「つねに協調体制にある二つの層から成り立っている」という。その層とは、「生産手段を所有・管理する者」と、「資産を持たないために労働市場で働くしかない労働者」だ[＊3]。雇われて生きる人々は、ここでいう「生産手段」に含まれる。言うまでもないが、あなたの給料は、企業から見れば費用だ。設備の管理費や水道光熱費と同じ、生産手段の一部として支払われる費用である。簿記を知らず、経営が分からないということは、生産手段を管理する側にはなれず、労働者の立場に甘んじるしかないということだ。

情報化と技術革新で、生産手段はヒトではなく機械に置き換えられていっている。

なぜタクシードライバーは、今でも人間なのか？

ＡＩに運転させるよりも安上がりだからだ。

なぜコンビニ店員は、未だに自動販売機にならないのか？

ＡＩに接客させるよりも安いからだ。

なぜ機械にもできる仕事をヒトにさせるのか？

技術に投資するよりも、カネがかからないからである。

しかし、ヒトとＡＩのコストはやがて逆転するだろう。そう遠くない将来、機械のほうが安上がりになる。間違いなく、そうなる。

今後、技術革新が進めば、労働者は「機械の代替品」という側面がより強くなる。

労働者階級にとどまる限り、機械との競争で底なしの低所得化に見舞われる。抜け出す方法は一つだ。労働者階級をやめればいい。生産手段が安価で手に入るなら、自分自身が、生産手段を管理・所有する立場につけばいい。

日本人の多くは、「労働者としての行動規範」しか持っていない。生産手段を所持・管理する者としての行動規範を学校で教わらず、簿記すら知らずに大人になる。しかし、目の前のパソコンをよく見てほしい。スマホをよく見てほしい。生産手段は、もはやタダ同然で手に入るではないか。このことはもっと真剣に考えていい。

雇われる生き方を今すぐやめろ、と言いたいのではない。雇用契約で安定収入を得つつ、タダ同然になった生産手段を活かすべきだ、と言いたいのだ。

お小遣い稼ぎ程度の副業から初めてみればいい。スタートアップで一睡もせずに働くことだけが「起業」ではない。週末のヒマな時間に、月額数万円の収入を求めてECサイトを運営することも立派な起業だ。人は誰しも、公共の福祉に反しないかぎり、職業選択の自由を持つ。趣味で始めた副業が、やがて充分な収益をもたらすかもしれない。そうなれば、もはや会社の言いなりになる必要はない。自由を害するような要求をされたときは、胸を張って応えればいい。そんな言うなら辞めます、と。

＊＊＊

「そんなん言うなら辞めます」と言える労働者に対して、企業は無茶な要求ができない。人格を否定できないし、人権を侵害できない。労働者の自由を制限する場合にも、細心の注意を払うようになる。21世紀に生きる私たちは、経済的豊かさはもちろんのこと、さらなる自由を要求していいはずだ。

だから、「そんなん言うなら辞めます」と言ってしまおう。

だから、「そんなん言うなら辞めます」と言えるようになろう。

(2014.03.28)

［＊1］「働き方」について　第1回ライフスタイル・生活専門委員会 - 国土交通省
http://www.mlit.go.jp/singikai/kokudosin/keikaku/lifestyle/1/shiryou7-3.pdf

［＊2］平成23年度版 厚生労働白書 - 厚生労働省
http://www.mhlw.go.jp/wp/hakusyo/kousei/11/dl/01-01.pdf

［＊3］ジェーン・グリーソン・ホワイト、川添節子 訳『バランスシートで読みとく世界経済史』日経ＢＰ社

## 仕事をかんたんにする仕事
## ——未来の「仕事」を考える

モノの価格がどんどん下がっている。

デフレのことではない。技術革新のおかげで、私たちの所得に対するモノの値段は**ダダ下がりを続けている**。

たとえば米1俵の価格、物価の優等生と呼ばれる鶏卵。これらのモノは、所得に対する相対的な価値が下落した。同じことが、あらゆる食料品、工業製品に当てはまる。今あなたの使っている携帯電話は、かつて国家予算を投じて作られたスーパーコンピューターよりも高性能だ。

モノの価値を測るには、「それを手に入れるのに必要な労働時間」を考えるといいだろう。

たとえば1日分の魚（たんぱく質源）を入手するのに必要な時間は、狩猟採集生活をしているころに比べて著しく短くなった。現在では、安いものなら百円玉1枚で買える。時給千円のアルバイトをわずか1時間するだけで、縄文人の1日の労働に匹敵する物品を入手できる。

発明されたばかりのころ、自動車は一生かけて働いても手に入らない高級品だった。しかし現在では、自動車がなければ私たちの生活は成り立たない。乗り物の発達が輸送コストを引き下げ、物品のさらなる価格下落をもたらした。

文明が発展するかぎりモノの価格は下がり続ける。

＊＊＊

かつて自動車は、職人の勘と経験によって作られていた。フォードは職人たちの作業工程を分析・分解して、流れ作業で作れるようにした。つまり仕事をかんたんにした。これにより自動車の価格は急激に下落し、一般庶民にも広く普及した。仕事をかんたんにする仕事がなければ、モノの価格下落は止まってしまう。

モノの価格下落が止まると、人が人として扱われなくなる。

もう少し踏み込んで考えてみよう。モノの価格が下がるということは、逆にいえば労働の価値が高くなるということだ。かつてカラーのブラウン管テレビは、1年間のローンを組んで買っていた。が、現在なら5日も働けば買える。労働時間は73分の1だ。逆にいえば、テレビに対する人間の労働の価値が73倍になったと言える。産業革命以降、技術革新の恩恵を受けた先進国ではモノの価格が下落し続けた。相対的に労働の価値が上がり続け、生活水準が向上した。

もしもモノの価値が下がらないとしたら、それは人の労働の価格が上がらないことを意味している。しかし、歴史的な傾向として、人類の数は増え続けている。つまりモノの価値が上がらないと、人間1人当たりの価値は実質的に下がり、やがて人が人として扱われなくなる。産業革命以前の世界では、実際にこれが起きた。

たとえば16〜17世紀、日本の製造業は欧州のそれに引けを取らなかった。大量の鉄砲を国内生産していたし、紙製品、絹織物、武具などを輸出していた。ほとんどの人は農業に従事していたが、農村には牛馬が飼われ、養豚・養鶏も盛んだったという。田畑を耕すのは役畜の仕事だった。ところが人口増加があまりにも速く進み、技術発展による食糧生産の増大を——食糧価格の下落を——追い抜いてしまった。その結果、18〜19世紀には人々は牛馬を捨て、鍬を使って土を耕すようになった。肉食の習慣もなくなった。

役畜を飼育するよりも、人間の手を使ったほうが安上がりになったからだ。牧草地を作るぐらいなら、少しでも田を広げようとした。その結果、人口は常に食糧生産の上限近くを推移するようになった。このことを裏付けるように、江戸時代には深刻な飢饉が頻発している。間引きや口減らしが平気で行われていた。労働の価格が下がると、人が人として扱われなくなるのだ。

これは現在のブラック企業にも共通することだろう。

飲食業や小売業は構造的にブラック化しやすい。なぜなら、本来なら機械でもできる仕事を、人間にやらせているからだ。食事の提供や物品の販売は、現在の技術なら充分に機械化できる。だが、機械を使うよりも人間を使ったほうが安上がりなため、作業の自動化が進まない。そして人が、まるで機械のように扱われてしまう。

鉄道の発明、自動車の発明、時計、印刷、電話の発明——。

仕事をかんたんにする仕事は、多くの場合で「技術革新」によってもたらされる。

たとえばグーグル社の無人自動車が実用化されれば、ドライバーの仕事は一気にかんたんになる。港でコンテナを積み込んだトレーラーの運転手は、高速道路の入口まで手動で運転したら、あとは高速を降りるまで居眠りをしていればいい。あるいは自宅のパソコンやタブレットから、遠隔操作でトラックを運転することもできるだろう。1台を高速道路まで運転したら、別のトラックへと操作を切り替えるのだ。1人のドライバーが運転できる自動車は、現在は1台だけだ。無人自動車が実用化されればそれを2台、3台と増やせる。結果として輸送コストが下がり、モノの価格が下がり、相対的な人の労働の価格は上昇する。

＊＊＊

仕事をかんたんにする仕事は、なにも技術屋だけのものではない。グーグルやホンダがどんなに素晴らしい発明をしても、道路交通法がそれを許さなければ意味がない。制度や仕組みの面でも、私たちの仕事はかんたんにできる。むしろ現在の日本は技術面では世界最高水準であり、急ぐべきなのは制度面をかんたんにすることではないか。

必要な資料を揃えて役所の窓口までご持参ください？

重要案件について稟議書に印をついて社内を回付してください？

東京の小学生とボストンの主婦とムンバイの大学生が一緒になってネトゲで遊んでいる時代に、いったい何を言っているのだろう。

日本の文化や技術水準は、しばしば他国から「あいつら未来に生きているな」と揶揄される、らしい。であれば、制度や仕組みの面でも未来に生きるべきではないか。

たとえば1年間の収支データをスマホ1台で管理して、3分間で青色申告を終えられるようにする。そのためには、そもそも税制度をシンプルで恣意的な要素の少ないものへと作りかえなくてはいけない。たとえば京都とパリとサンフランシスコに経理担当者を分散させて、決算期には24時間体制で作業を行えるようにする。そのためには企業の会計基準をシンプルで、無駄な会議や議論の要らないものへと作りかえなければいけない。

制度をかんたんにする——。これは今の日本の施政者に決定的に欠けている視点だ。

税率を上げる・下げる、あるいは助成金や社会福祉の基準を厳しくする・緩くする……。

そんな話題で人々の気を引いて、肝心な部分に触れていない。たとえば中小企業のために助成金を出すとして、申請書類を作るために社員の残業時間が増えてしまっては意味がない。税率を上げれば、なるほど税収は増えるだろう。しかし、その事務処理をするためにアルバイトを追加で雇うのでは無意味だ。これからは制度の内容を考えるだけでなく、制度そのものをかんたんにするという発想が欲しい。

仕事をかんたんにする仕事は、これからもずっと必要とされる。モノの価格を押し下げて、人の労働の価値を引き上げるために、である。すべてのヒトが人間らしく扱われる社会。そういう世の中を作るためには「仕事をかんたんにする仕事」が欠かせない。技術面ではもちろん、制度や仕組みの面でも「仕事をかんたんにする」という発想が求められる。

では、仕事がかんたんになり続け、モノの価格が下がり続けると、社会はどのように変わるだろう。私たちの働き方にどのような影響を与えるだろう。

一言でいえば、いまは「遊び」でしかない活動でも、生活できるようになるはずだ。たとえばニコニコ動画の「うp主」や、ピクシブの絵師がネットの人気だけで生きていける世界……。そんな世界を、きっと実現できるはずだ。

(2012.07.25)

## ガマンするのは仕事じゃないよ。

先日、某一部上場企業の財務系職種の方々とお仕事をした。

なんというか、べらぼうに優秀な人たちだった。税法や会計基準に精通していて、会社の取引を隅々まで把握している。当然、社内だけで決算書作成や税金計算を行える体制になっていた。部署の平均年齢は40代半ば。バブル崩壊後に新卒採用を絞った典型的な日本企業だ。もちろん彼らは、会計士や税理士の資格を持っているわけではない。しかし日々の管理業務を淡々と確実にこなせる、いぶし銀の社員たちだった。

そして、彼らの年収が驚くほど安かったのだ。（※さすがに具体的な数字は言えないけど）

似たような話は、今の日本にはありふれているのだろう。

2チャンネルのまとめサイトでも、こんなスレを見つけた。

——◎大手ゼネコンに勤めてる親父の給料ｗｗｗｗｗｗｗｗ－スコールチャンネル

http://squallchannel.doorblog.jp/archives/21390101.html

---

1：**名も無き被検体774号＋** 2012/12/18(火) 21:29:29.46 ID:wDCY5grB0
35万円っておい…50代でこれかよ建築業界終わりすぎ

6：**名も無き被検体774号＋** 2012/12/18(火) 21:36:59.36 ID:nq8b2g5p0
おれの親父は30万だ・・・。40代でそれはないぜ親父・・・
大学いけるのかな俺・・・

優秀な人材なら、当然、かんたんに転職できる。

たとえば非上場の中小企業や新興のベンチャーでは、経理まわりがグダグダということが珍しくない。会計士や証券会社OBにコンサルティングを受ければ、目玉の飛び出るような報酬を請求される。かといって、いまの経理担当者がベテランに育つまでにセミナー代がいくらかかるか想像もつかない。経験を積んだいぶし銀の人材こそが必要とされているはずだ。多少、人件費が高くても雇いたい。そう考える新興企業は少なくない。

ところが「いぶし銀の社員」たちは、好待遇の求人に飛びつかない。

ベンチャーなど目もくれず、安い給料でよろこんで働いている。

おそらく彼らは、自分の能力をもっと高く売れることに気づいていない。「子供の就職先が決まらない」と愚痴ったその口で、「賃金が下がってもいいから雇用期間を延長しろ」と訴える。かくして若者は正社員になれず、日本人の労働生産性は低いままに押さえられ、格差は固定化していくというわけだ。おめでたい話だ。

私の出会った「いぶし銀の社員」たちは、いまの倍ぐらいの給与で働いていてもおかしくない方々だと感じた。彼らがなぜ低劣な待遇に甘んじているのかといえば、大きな会社で一生を過ごすという考え方を捨てられないからだ。「安定志向」「リスク回避」といえば聞こえはいい。しかし、持てる能力には適正な対価を求めるべきだ。労働力を不当に廉売させられることを、古い呼び方で「搾取」と言う。

日本の雇用環境にはもっと流動性が必要だ。

経験豊かなベテラン社員たちは、自分の能力にもっと高い値をつけてくれる雇用先を見つけるべきだ。労働者が能力に見合った報酬を受け取っていないから、可処分所得が目減りして景気が冷え込む。いまの仕事にしがみついているから、若者たちに正社員の席が回らなくなり、低所得な非正規雇用に甘んじるしかなくなる。

「雇用の流動性を高くしたほうがいい」という意見には、しばしば「だから解雇規制を緩くするべきだ」という言葉が続く。「流動性を高めるために解雇しやすくするか」VS「労働者を守るためには流動性が低くなるのはしかたない」——こういう意見の対立をよく見かける。しかし、これってダメな議論になりがちだ。というのも、目的と手段をごちゃまぜにしているからだ。

言うまでもなく、目的と手段は分けて考えたほうがいい。「雇用の流動性を高くしたほうがいい」という主張は、世の中の理想的な姿について語っている。つまり「目的」だ。まずはこの目的が望ましいものかどうかを考えてから、この目的を実現するための「手段」を検証しなければならない。

まず、雇用の流動性について。

私は「流動性が高くなったほうがいい」と思っている。

仕事とは、ただ機械の歯車のように手を動かしてカネを稼ぐだけのものではない。それ以上の、社会との接点を与えてくれるものだ。「生きる意味」のようなものをくれるものだ。

就活中の学生たちは「低賃金だけどやりがいのある仕事と、やりたくないけど高報酬の仕事のどっちがいい?」なんて謎かけをする。バカを言うな。やりがいも報酬も高ければ高いほどいいに決まっている。両者をトレード・オフなものとして扱うこと自体がナンセンスだ。私たちは、より誇り高い仕事を、より良い報酬でこなすべきなのだ。そのためには適材適所が欠かせない。そして適材適所を実現するためには、「いい仕事」「いい人生」を求められる――求め続けられる――世の中でなければならない。雇用流動性の高い世の中でなければならない。

では、その手段について考えてみよう。「雇用流動性を高くする」という目的に対して、「解雇規制の緩和」という手段は適切だろうか。

正直、あまり効果的だとは言えないな……と、私は思う。

解雇規制の緩和を支持する人は、「生産性の低い（※主に高齢の）労働者を、規制のせいで解雇できない」という話を論拠にあげる。しかし、よく考えてみるとこれってマユツバだ。バブル崩壊後にリストラの嵐が吹き荒れて、「窓際族」は死語になった。どこの会社でも、能力の低い社員は駆逐された。

「仕事をしない老害」なんて、本当に存在するのだろうか？

若手社員の嫉妬が生み出した幻想ではないだろうか？

クビを切りやすくしたい経営陣の欲求が作り出した、架空の人格ではないだろうか？

仕事をしてなさそうな「あのおじさん」は、あなたの見ていないところで重要な役割を果たしているかもしれない。高齢正社員の「生産性」が低いのは、そもそも能力に見合った対価を受け取っていないから、かもしれない。

……オーケー、オーケー。

百歩譲って「仕事をしない老害」がいるとしよう。

そういう人のクビを切ったところで、雇用流動性が高くなるわけではない。

優秀な人が正社員に残るだけで、若者に仕事が回ってくるわけでも、非正規雇用者が正社員になれるわけでもない。「いい仕事」がしたいなら自分の能力を磨くしかなく、すでに「いい仕事」をしている（ように見える）人を引きずり降ろしたところで無意味だ。「みんなで不幸になろうキャンペーン」にしかならない。

解雇規制が緩和されれば、クビにされることを恐れて、優秀な人々はますます今の仕事に固執するようになるかもしれない。今よりもさらに安い賃金で働くようになるかもしれない。解雇しやすくしたことで、むしろ雇用流動性は損なわれてしまう。

雇用流動性は高いほうがいい。そのためには、たとえば副業禁止規定の廃止や、同業他社への転職禁止規定の無効化が有効だろう。

社内の規則で副業を禁止している会社は多い。副業ができなければ、「そんなん言うならやめます」と言える人は増えず、雇用の流動化は進まない。

さらに問題なのは、同業他社への転職禁止規定だ。多くの企業で、同業他社への転職が禁じられている。社員は、退職後の数年間は同業種で働かないという約束をさせられる。

もしも雇用の流動化が進めば、より優秀な人材が、より報酬の高い仕事を得られるようになる。すべての人がそれぞれ自分の能力を活かせる仕事につけば、全員の可処分所得が増えて経済が活性化する――。これが雇用流動化の最大のメリットだ。

同業他社への転職禁止規定は、このメリットを大きく損なう。好待遇の求職があっても転職できなくなるからだ。優秀な人材を社内に抱えておきたければ、報酬の金額を引き上げるべきであって、口約束で社員を縛るべきではない。

そして何よりもまず、私たち日本人の価値観が変わらなければいけない。

ネットからは見えづらいが、日本の社会には古くさい価値観が満ちている。時代遅れな思考のカビくさい悪臭で充満している。

一つの会社で一生を過ごさなくてもいい。

もっと高い報酬を要求していい。

給料以外の収入源を持ってもいい。

こういう考え方を当たり前にしていかなければ、労働者の低所得化を止められない。カネがなければ若者たちは結婚も出産もできず、めでたく日本は終了する。

＊＊＊

かつて、一つの会社で一生を過ごすことがしあわせな時代があった。

いまの世の中を牛耳っているのは、そういう時代に青春をすごした人々だ。

時代遅れな考え方を捨てられない人々を、私はなんだか哀れだと感じてしまう。自分の能力に適正な値段を付けてもらえず、人事異動に振り回されても文句ひとつ漏らさない。

ガマンは美徳かもしれないが、そんなの「生きている」とは言えない。

ゆっくりと死んでいるだけだ。


(2013.01.10)

# 第3章

# 結婚しない
# ヒトの遺伝子と
# 少子化の原因

## 結婚しないヒトの遺伝子と少子化の原因

ビールを片手に、彼女は言った。

「どうしてあたしが子供を産まなくちゃいけないの」

苦みの強い、英国産のエールだ。フィッシュ&チップスをつまみながら彼女は続けた。

「結婚や子育ては、余裕のある人がすればいい。あたしは働いて、税金を納めて、子育てをしている人を支援すればいい。あたしが子供を産まなくても、他の誰かが産めばいいでしょ」

社会人になってから知り合った友人で、私よりもはるかに安定した職業に就いている。にもかかわらず、彼女は子供を産みたいと思わないらしい。

生物としてヒトを考える場合、彼女の発言は不自然に思える。

生物はつがいを作り、繁殖することを最大の目的にしているのではないか。結婚や出産を諦める個体が存在するのは、ヒトが他の動物とは違うから――高貴な精神性を持った存在だからだ——と、考えてしまいがちだ。わざわざ子孫を減らすなんて、「少子化」は進化論から反した現象のように思える。

しかし、よく考えてみると進化論と少子化は矛盾しない。むしろヒトの生まれ持った遺伝的な性質が、少子化の根本的な原因かもしれない。

まずは彼女の誤解を解くところから始めよう。

あなたの代わりに子供を産んでくれる人はいない。

## 1. あなたの代わりに子供を産む人はいない。

自分が子供を残さなくても、他の誰かが自分のぶんまで子供を残してくれるはず——。この考えは間違っている。なぜなら第1章にも書いたとおり、ヒトはどんなに時間的・金銭的な余裕があっても、必要以上にたくさんの子供は作らないからだ。所得が倍になっても、子供の数は倍にならない。

まずは、世帯所得と子供の有無の関係をおさらいしよう。

第1章にも登場した図1~3のグラフは、平成24年就業構造基本調査［*1］のデータに基づいて作成した。生殖年齢を考慮して、世帯主が40歳未満の世帯を対象にした。およそ7割の世帯が年間所得500万円未満で生活していることが分かる（図1）。

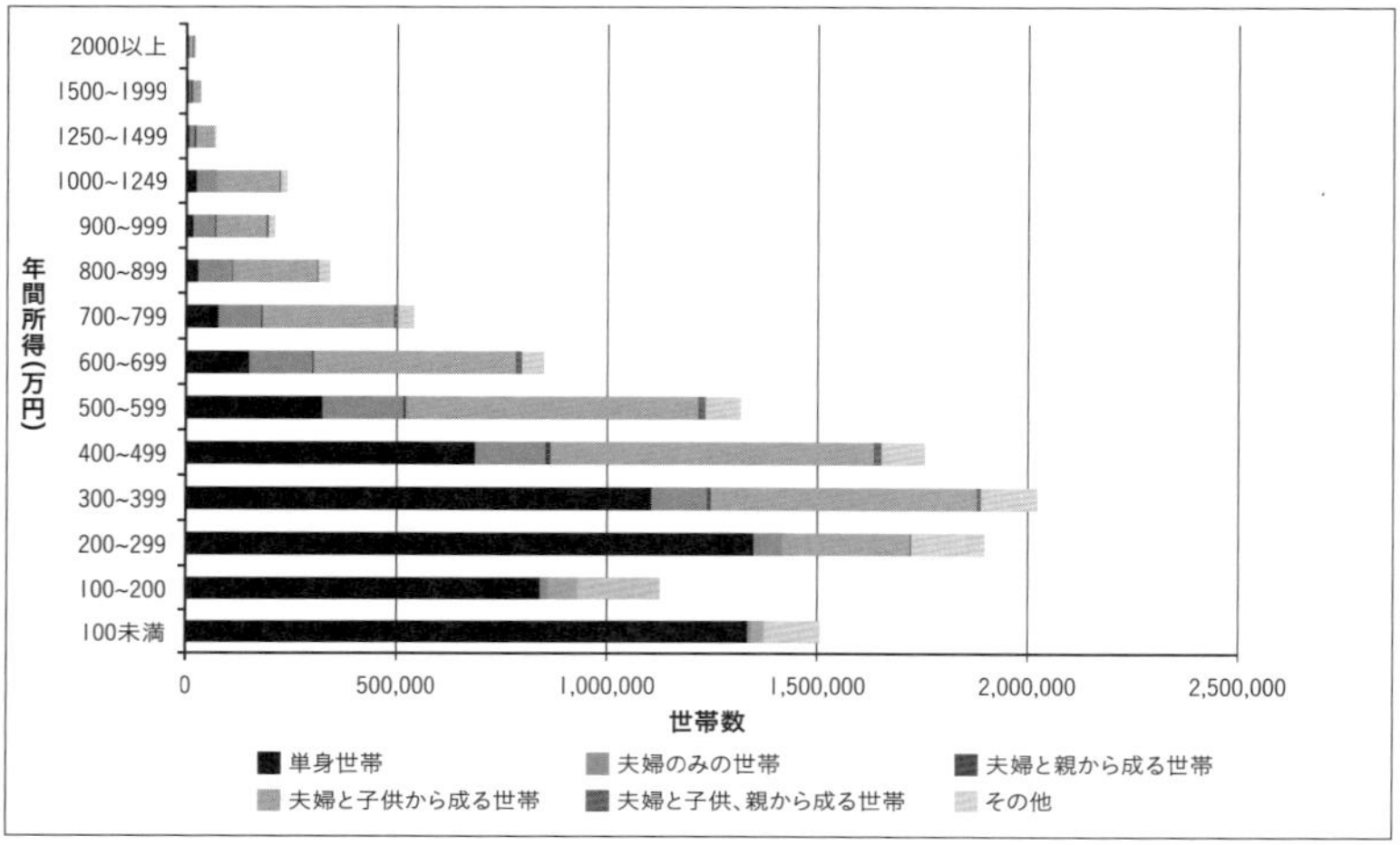


図1 年間所得と世帯形態（対象：世帯主40歳未満）

世帯所得ごとの子供の有無を調べると、年間所得５００万円未満の世帯では子供のいない世帯のほうが多く、それ以上では子供のいる世帯のほうが多い。年間所得５００万円が子供を作るかどうかの分水嶺になるようだ(図2)。

なお、年間所得５００万円未満では単身者の比率も増える。生物学的には結婚しなくても子供は作れるし、つがいを作らない動物は枚挙にいとまがない。しかしヒトの場合、一定以下の所得では結婚そのものをためらうようだ。

世帯所得と子供の数の関係では、さらに興味深いことが分かる(図3)。

子供のいる一般世帯を調べると、所得が下がるほど一人っ子世帯が増える。年間所得５００万円未満の世帯では、半分以上が一人っ

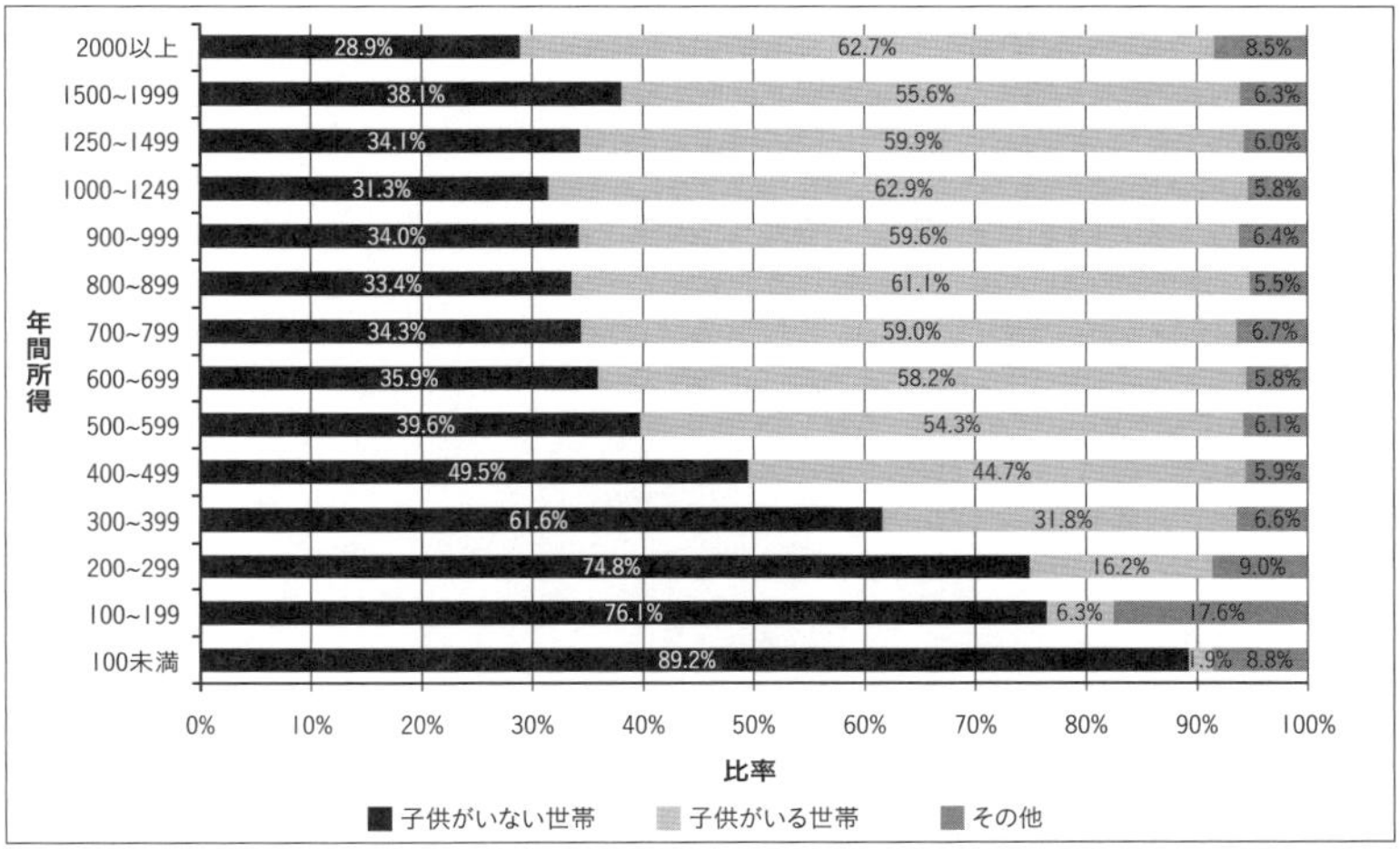


図 2　世帯所得ごとの子供の有無（対象：世帯主 40 歳未満）

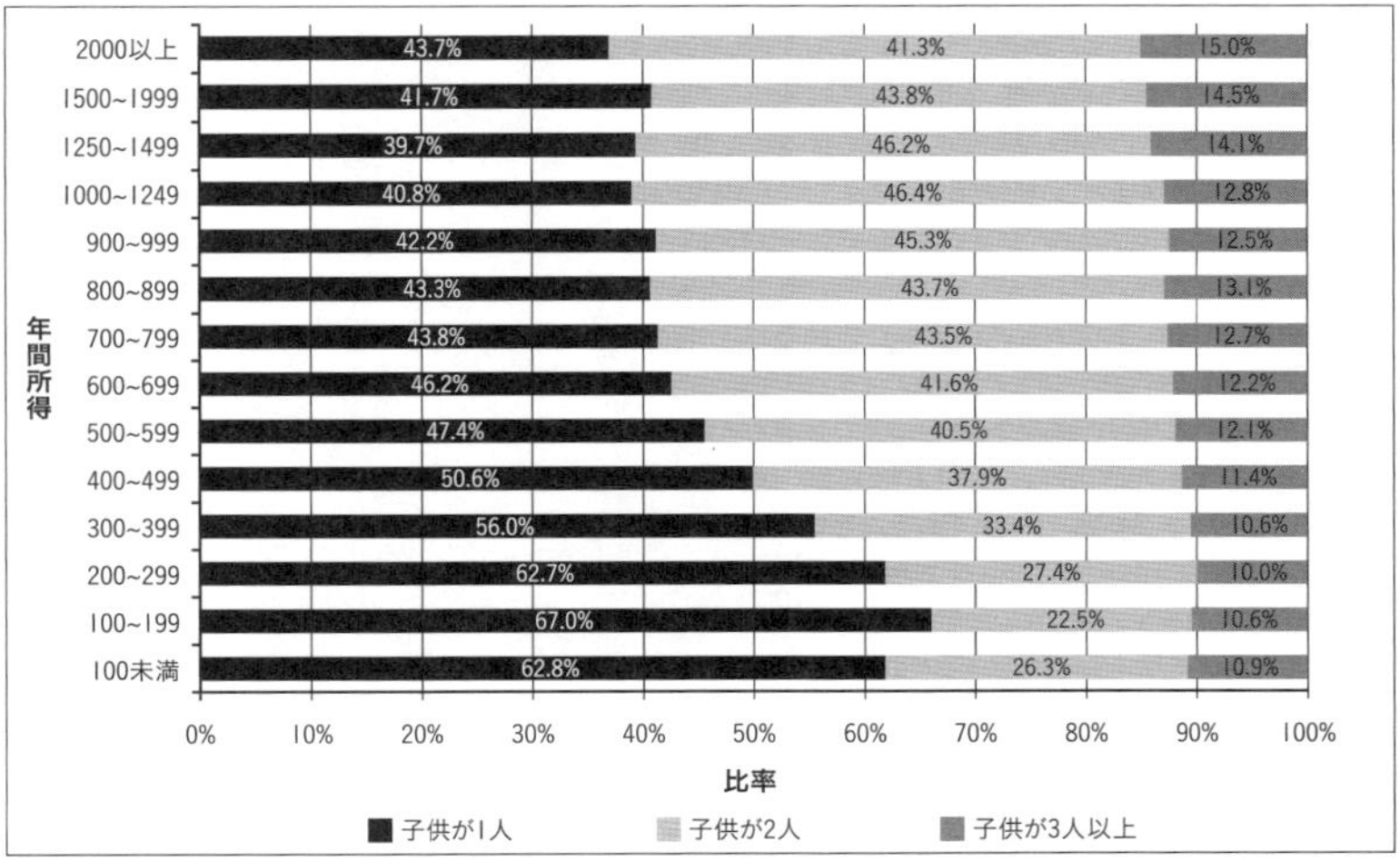


図 5　世帯所得と子供の数（対象：子供のいる一般世帯）

子世帯だ。「カネがないと子供を作らない」という傾向は明白だ。ところが、年間所得が500万円以上の世帯では、所得が増えても一人っ子世帯はあまり減らない。3人以上の子供がいる世帯もほとんど増えない。どんなにカネがあっても、たくさんの子供を残そうとは思わないようだ。

ここから、第1章に書いた「子供を作る年間所得の閾値500万円」が浮かび上がる。子供を作るには最低限の所得が必要だが、所得が増えたからといって子供をたくさん作るわけではない。このことは以前から指摘されており［＊2］、子供の数と夫婦の年収はあまり相関が見られない［＊3］。日本では、充分な所得を持たないヒトは結婚そのものを諦めてしまう。そのため、夫婦のみを対象とした調査では所得の影響が過小評価される。

以上が、「自分が産まなくても他の誰かが産んでくれる」という発想への答えだ。生活に余裕があるからといって、ヒトは必要以上に子供を作ろうとしない。あなたが子供を作らなければ、子供の数は減っていく一方だ。働いて、税金を納めて、子育てしている誰かを支援すればいい――。この考え方では、少子化は止められない。次世代に私たちの社会を残そうと思うなら、自分自身が子供を作るしかない。

あなたの代わりに子供を作ってくれる人はいないのだ。

ここまでが今回の記事のプロローグだ。

少子化は自然法則に著しく反した現象のように思える。生物は基本的にたくさんの子孫を残そうとするはずだ。にもかかわらず、ヒトは必要以上に子供を作ろうとしないらしい。やはりヒトは自然から逸脱した特殊な生物なのだろうか。

そうではないと、私は考えている。

少子化は自然法則に反するどころか、ヒトが進化の過程で身につけたごく自然な習性によるものだ。その習性とは、子供に充分な投資をしたがることだ。

ヒトの遺伝的な性質について説明する前に、少子化の原因としてあげられる他の要因について考えてみよう。

女性の社会進出が広がると、少子化が進むという。また、女性の高学歴化も少子化の犯人として名前が上がる。専門家のなかには、女性の識字率向上や、経済的な豊かさが少子化をもたらすと主張する人もいる。しかし、先に答えを言ってしまえば、これらはすべて嘘だ。では、中絶の合法化はどうだろう？

ここからは、これらの容疑者を比較検討しながら、少子化の本当の原因について考えてみたい。

## 2. 日本の合計特殊出生率

日本では賃金の高い女性ほど子供を作らない[＊4]。なぜなら機会損失が大きすぎるからだ。いまだに寿退社は珍しいものではなく、育児休暇を取ると出世の見込みがなくなる。高収入の女性にとって、出産・育児は金銭的に損だ。だから、女性の賃金と出生率は負の相関を持ってしまう。このことから、女性の社会進出は少子化の原因だと考えられがちだ。

本当にそうだろうか？

まずは日本の合計特殊出生率の推移を確認しよう[＊5]。

合計特殊出生率とは、一人の女性が生涯に産む子供の平均人数を意味する数字だ。どんな国でも、ベビーブームや少子化の影響で、女性の人口は年齢層ごとに違う。女性の年齢別の出生率を合計すれば、このような年齢層ごとの人数差を平準化できる。そうやって計算された数値が合計特殊出生率だ。

今回入手できたデータのうち、もっとも古いのは1925年の5・11だった（図4）。

つまり1925年ごろには、女性1人が5人弱の子供を産んでいたことになる。戦前には4人以上の兄弟がありふれていたのだろう。たとえば私の祖母は1920年生まれで、8人姉弟の長女だった（※うち3人は出生直後に死亡し、1人は沖縄で戦死した。戦後まで生き延びたのは4人

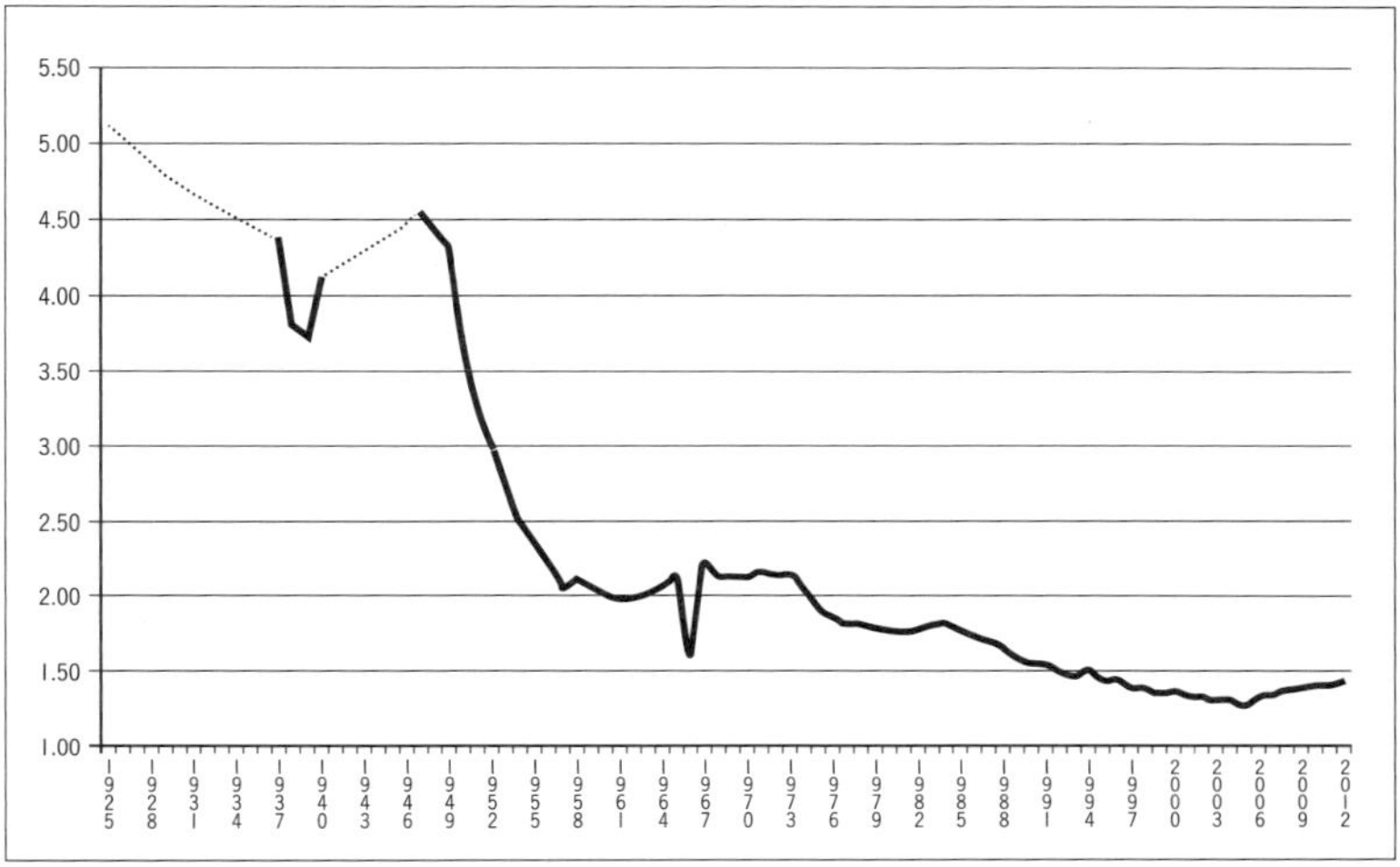


図4 合計特殊出生率の推移（1925―2012）

＊政府統計 e-stat、厚生労働省「人口動態統計」データより作成

だけだ）。

このグラフを見ると、戦前からすでに合計特殊出生率は減少傾向だったようだ。終戦直後の1947～1949年には第一次ベビーブームが起こり、団塊の世代が生まれる。しかし、合計特殊出生率が爆発的に伸びたわけではなく、むしろ1920年代の水準よりも低くなっている。一般的には「日本人女性は戦後たくさんの子供を産むようになった」から団塊の世代が登場したと言われている。しかし、実際のデータを見ると、信憑性は薄い。

少子化傾向が急激に進むのは、1950年代だ。

合計特殊出生率は1949年の4・32から1959年の2・04まで急落した。わずか10年ほどで半分以下になった。日本では合計特殊出生率が2・07～2・08でないと人口を維持できない（※これを人口置換水準の合計特殊出生率という。日本より死亡率の高い国では、この水準も高くなる）。1959年には、早くもその水準を割っているのだ。1961年には1・96、ついに2人未満になってしまった。

その後、1964年に団塊の世代の第一陣が18歳を迎えた。当時は高度成長の華やかなりしころで、東京オリンピック開催を通じて日本は戦後からの復興を世界に知らしめた。このような社会情勢のなかで、結婚・出産を奨励する風潮が広まったのだろう。ここから10年間にわたり、合計特殊出生率は回復傾向だった。1970年代は第二次ベビーブームで、団塊ジュニアと呼ばれる世代が産まれた。それでも戦前に比べれば、1人の女性が産む子供の数は半分以下だった。

なお、1966年は極端に合計特殊出生率が下がっているが、これは「丙午《ひのえうま》」の影響だ。干支は60年で一周するが、丙午の年に生まれた女児は縁起が悪いという迷信がある。この迷信のため、多くの親たちが出産を避けた。

日本の少子高齢化は、今に始まった問題ではない。

1950年代の10年間で、日本は「多産」の社会から「少産」の社会への転換を経験した。4人以上の兄弟が当たり前の社会から、2人以下の兄弟が当たり前の社会へ――。わずか10年間で進行した合計特殊出生率の大転換こそが、少子高齢化の遠因である。

## 3. 女性の社会進出は犯人ではない

日本の少子化傾向は１９５０年代の10年間で一気に進んだ。もしも女性の社会進出が少子化の原因なら、働く女性の数がこの10年間で急増しているはずだ。

では、実際のデータを見てみよう。

図５は平成９年の国民生活白書に掲載されている女性労働力率の推移だ［＊６］。労働力率とは、その年齢に達している人口のうち、労働力として経済活動に参加している者の比率を言う。たしかに女性労働力率は増え続けているものの、１９５０年代の10年間に目を引くような変化は起きていない。

たとえば10代後半（15～19歳）の女性労働力率を見ると、１９２０年代から現在まで、おおむね減少傾向だ。これは高等学校への進学者が増えて、経済活動への参加が遅くなったためだ。童謡『あかとんぼ』で歌われたような、十五でねえやが嫁に行く時代ではなくなった。

20代前半のデータを見ると、労働力率は一貫して上昇している。が、合計特殊出生率の急落と一致するような急上昇は見られない。１９５０年代の後半には、むしろ労働力率の増加はニブくなっている。この程度の軽微な変化では、兄弟の数が半分になるような大転換を説明することはできないだろう。

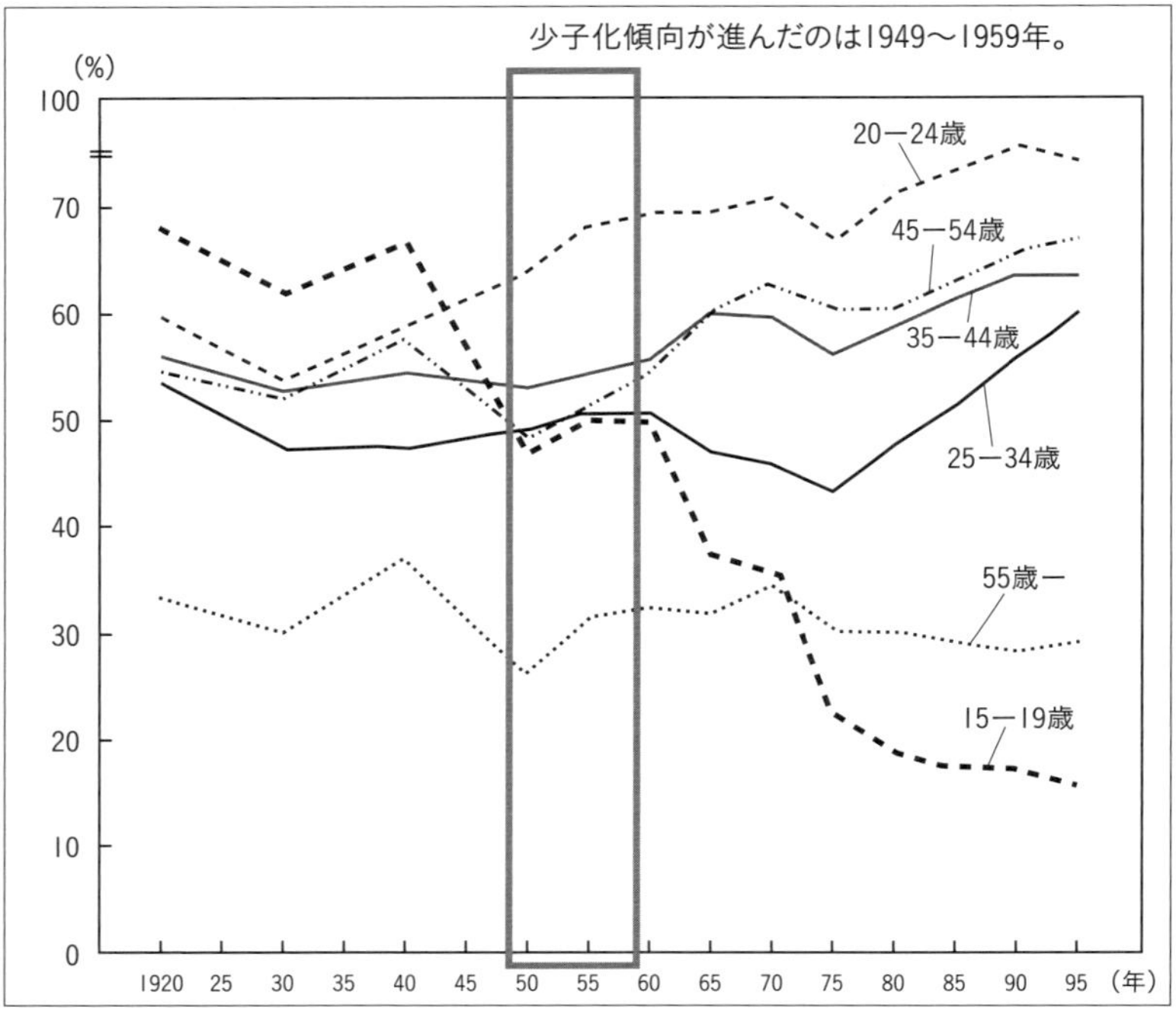


図 5 1960 − 70 年代に低下した 10 歳代後半と 25 〜 34 歳の女性労働力率

（備考） 1. 総務庁「国勢調査」により作成。

2. 1950 年の 15 − 19 歳の数値は 14 歳から 19 歳の数値であり、25 − 34 歳の数値は 25 歳から 29 歳の数値、35 − 44 歳の数値は 30 歳から 39 歳、45 − 54 歳は 40 歳から 49 歳、55 歳−は 50 歳以上の数値である。

3. 50 年から 70 年の数値は、沖縄県等を含まない。

そして25〜34歳の層と、35〜44歳の層では、それぞれ1950年代における労働力率は横ばいだった。

どの年齢層でも、合計特殊出生率の半減を説明できるほど明白な変化は見られない。

なお、1960〜70年代には女性労働力率が低下している。これは工業化と脱農村が進んだためだ。高度経済成長以前の農村では、女性も重要な労働力として農作業に従事していた。しかし1960年以降、団塊の世代は「金の卵」として都市部に送り出されて、夫が大黒柱、妻が専業主婦というライフスタイルを確立した。こうして女性労働力率は一時的に低下した。

話を戻そう。

「働く女性が増えたこと」では、1950年代の合計特殊出生率の急落を説明できない。どうやら女性労働力率と合計特殊出生率には、あまり強い因果関係はなさそうだ。

証拠は他にもある。

OECD加盟24ヵ国を比較すると、1970年には女性労働力率の高い国ほど合計特殊出生率が低いという相関が見られた。しかし1985年にはほとんど相関がなくなり、2000年にはむしろ働く女性の多い国のほうが合計特殊出生率も高くなった（図7）［＊7］。

時代が変わると相関関係まで変わってしまうのなら、そこに因果関係を認めるのは難しい。

たとえばシートベルトの着用率と交通事故時の死亡率は、どんなに時代が変わっても相関が

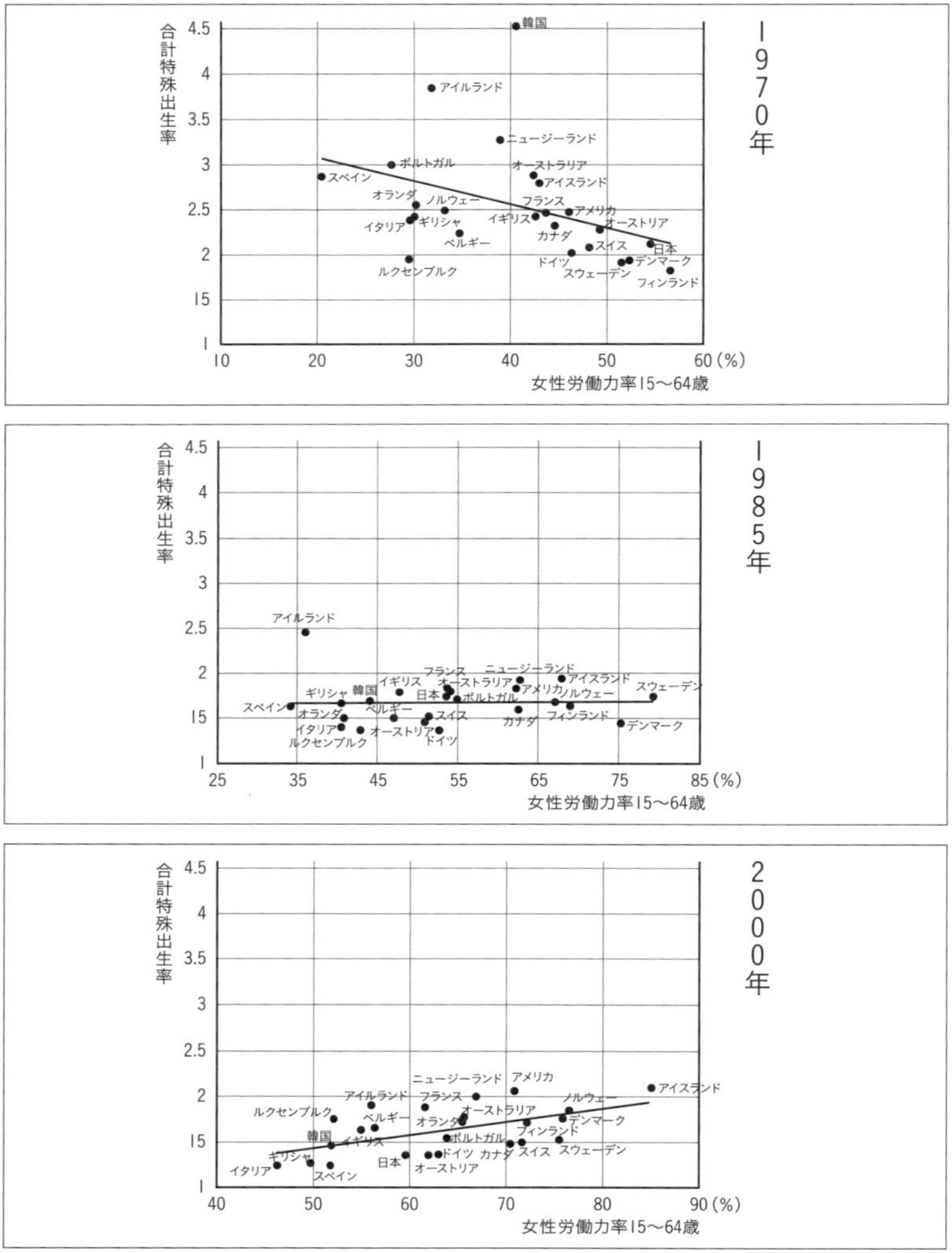


図6 OECD 加盟国 24 ヵ国の女性労働力率と合計特殊出生率（1970、1985、2000 年）

あるはずだ。なぜなら、シートベルトを着用しているかどうかと、事故の際の死亡率の間には、強い因果関係があるからだ。将来、グーグルの自動運転が実用化されて安全装備がどんなに充実しても、シートベルトをしない人は、する人よりも、事故で死ぬ可能性が高いだろう。

女性労働力率と合計特殊出生率のデータは、そのような強い因果関係がないことを示唆している。「働く女性の数」と「1人の女性が産む子供の数」は、それ以外の何か別の要因によって変化しているのだと思われる。

働く女性の数と少子化は、あまり関係がない。

したがって「働く女性が増えたこと」は、少子化の原因ではありえない。

## 4．高学歴化は犯人ではない

女性が高校・大学に進学するようになった結果、少子化が進んだと考える人がいるようだ。たしかに高学歴になるほど、結婚・出産は遅くなる。少子化の犯人は、女性の高学歴化なのだろうか？

学校の卒業と同時に子供を作るとは考えにくい。もしも高学歴化が少子化の原因なら、合計特殊出生率の急落よりも先行して、女性の進学率が向上しているはずだ。

しかし現実は、そうなっていない（図7）。

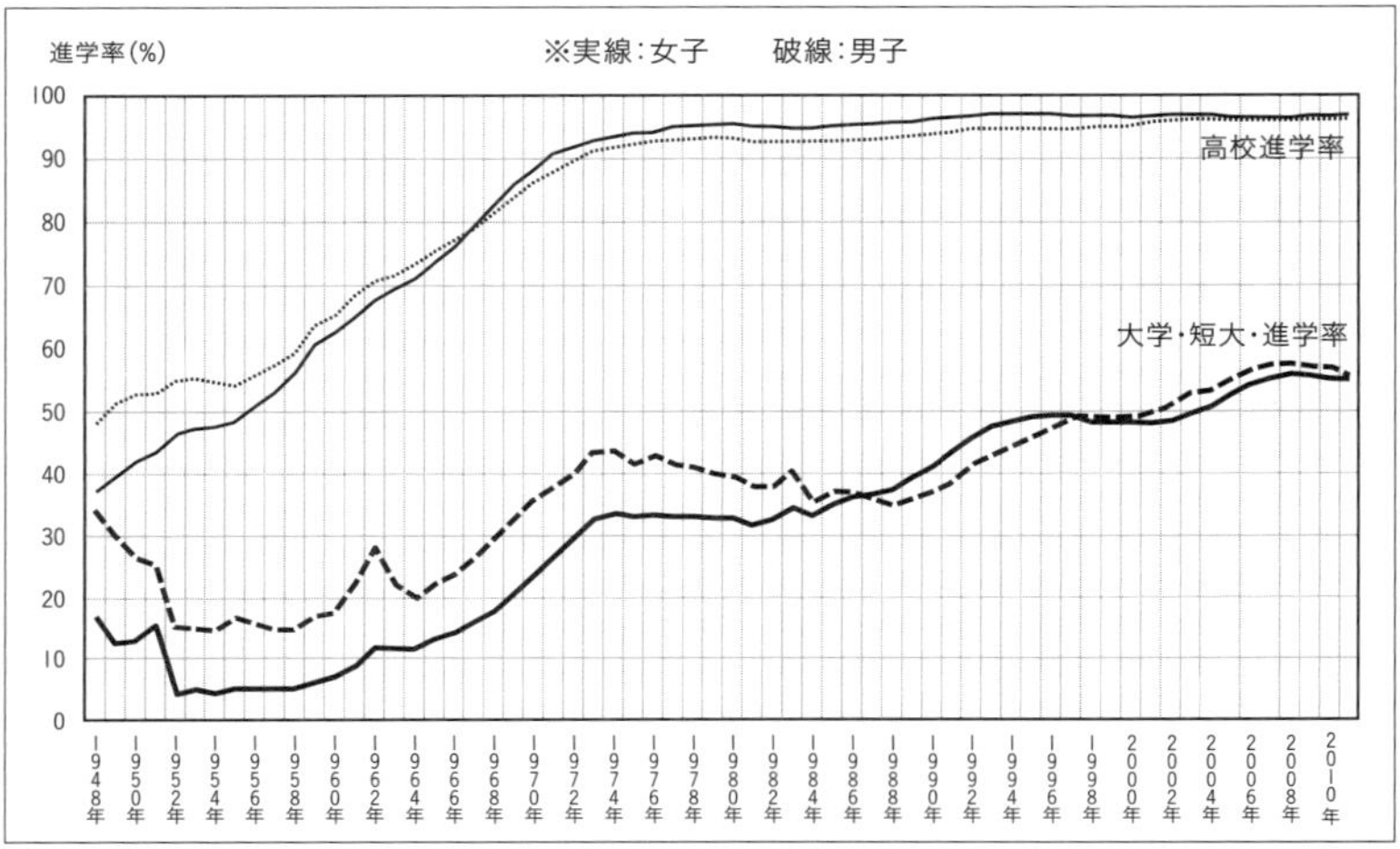


図 7　高校および大学・短大への進学率

＊政府統計 e-stat「学校基本調査」のデータより作成。通信制への進学を除く。1954 年以降は浪人合格を含む進学率

合計特殊出生率が急落した1949～59年における高校進学率は、男女ともに微増に留まっていた。大学・短大への進学率は下降していた。第二次ベビーブームの起きた1971～74年の前後では、むしろ女子の高学歴化が進んだ。よって、「女子が高学歴になるほど少子化が進む」という説は成り立たない。

## 5. 識字率向上は関係ない

識字率が向上すると女性が出産調整をするようになり、少子化が進むという説がある。たとえば人口学者エマニュエル・トッドが朝日新聞のインタビューのなかでそのような趣旨のことを述べていた[＊8]。教育水準が高まり識字率が上昇すると、女性の地位向上と自立に繋がる。それまでは男性に望まれるまま子供を産んでいた女性たちが、自分の産みたい数の子供を産むようになり、少子化が進行するという。

しかし、女性の社会進出や高学歴化が少子化の原因でないとしたら、この仮説も疑わしい。ここでは、「識字率の上昇」が少子化をもたらすかどうかを検証しよう。

そもそも戦前の日本は、識字率の低い「後進国」ではなかった。世界最大クラスの戦艦と、世界最高水準の戦闘機を作って、アメリカを相手に戦争を仕掛けるような工業国だった。たしかに当時の所得水準は、依然として欧米列強には劣っていた[＊9]。しかし、現在の第三世界に見られるような教育水準の低い国ではなかった。

たとえば尋常小学校の女子就学率は、１９００年の時点で7割を超えて、１９０６年には9割以上に達していた[＊10]。明治後期にはすでに、ほぼすべての国民が高い読み書き能力を有していた。１９４０～50年代の識字率の推移を直接示す資料を見つけることはできなかったが、少産化への転換が起きた10年間で識字率が急上昇したとは考えにくい。

日本以外に目を向けても、女性の識字率向上が少子化をもたらすという仮説は疑わしい。たとえばアジア諸国を考えてみよう。図8～9にあげた国々では、１９７０年から２０００年の約30年間で識字率が向上すると同時に、合計特殊出生率が低下した。同じアジア圏ではあるものの、宗教や言語、政治形態はばらばらの国々である。少子化はもはや世界的な傾向だと

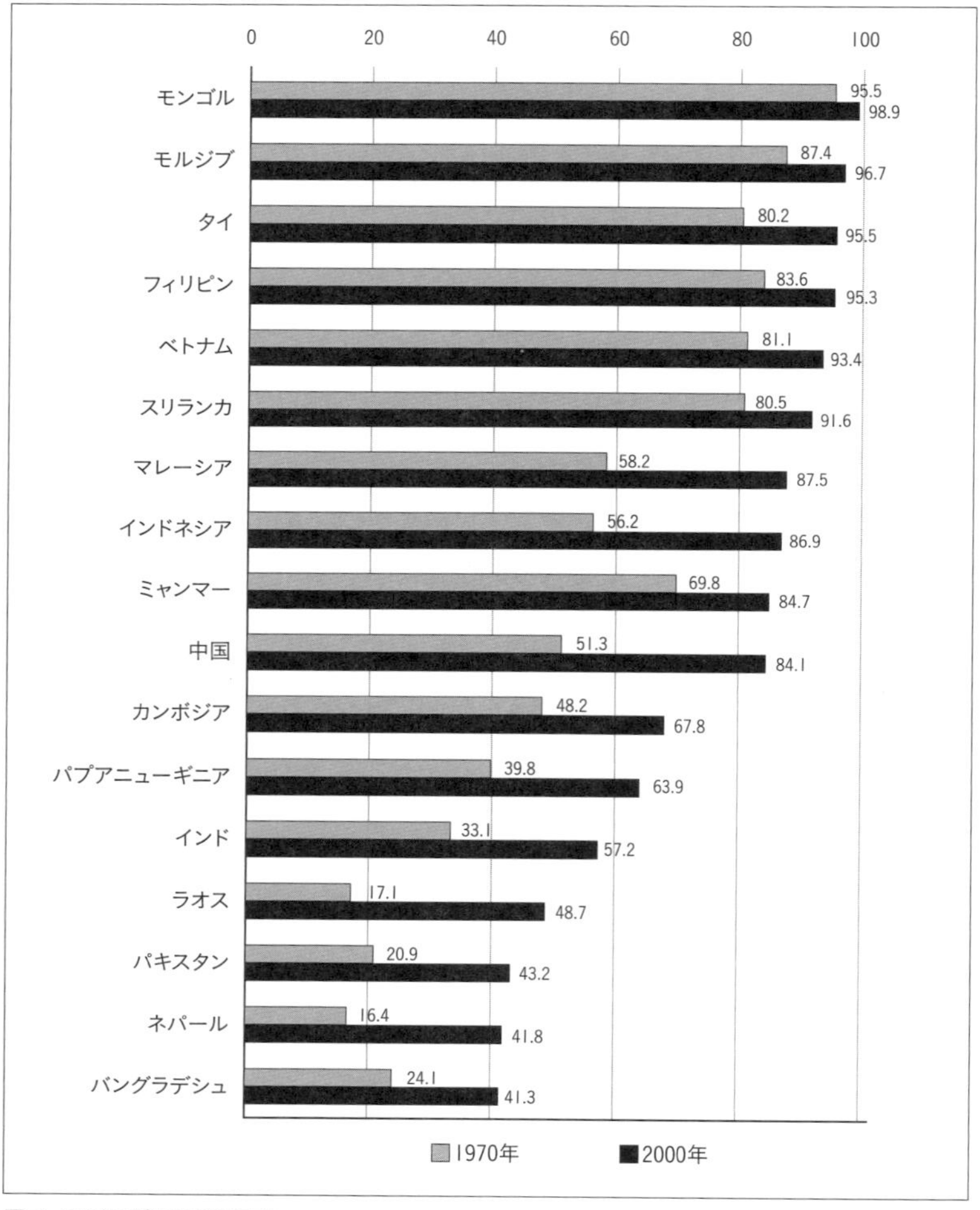


図８　アジア諸国の識字率

＊ユネスコ・アジア文化センター、アジア太平洋識字データベースおよび世界銀行データベースの資料より作成

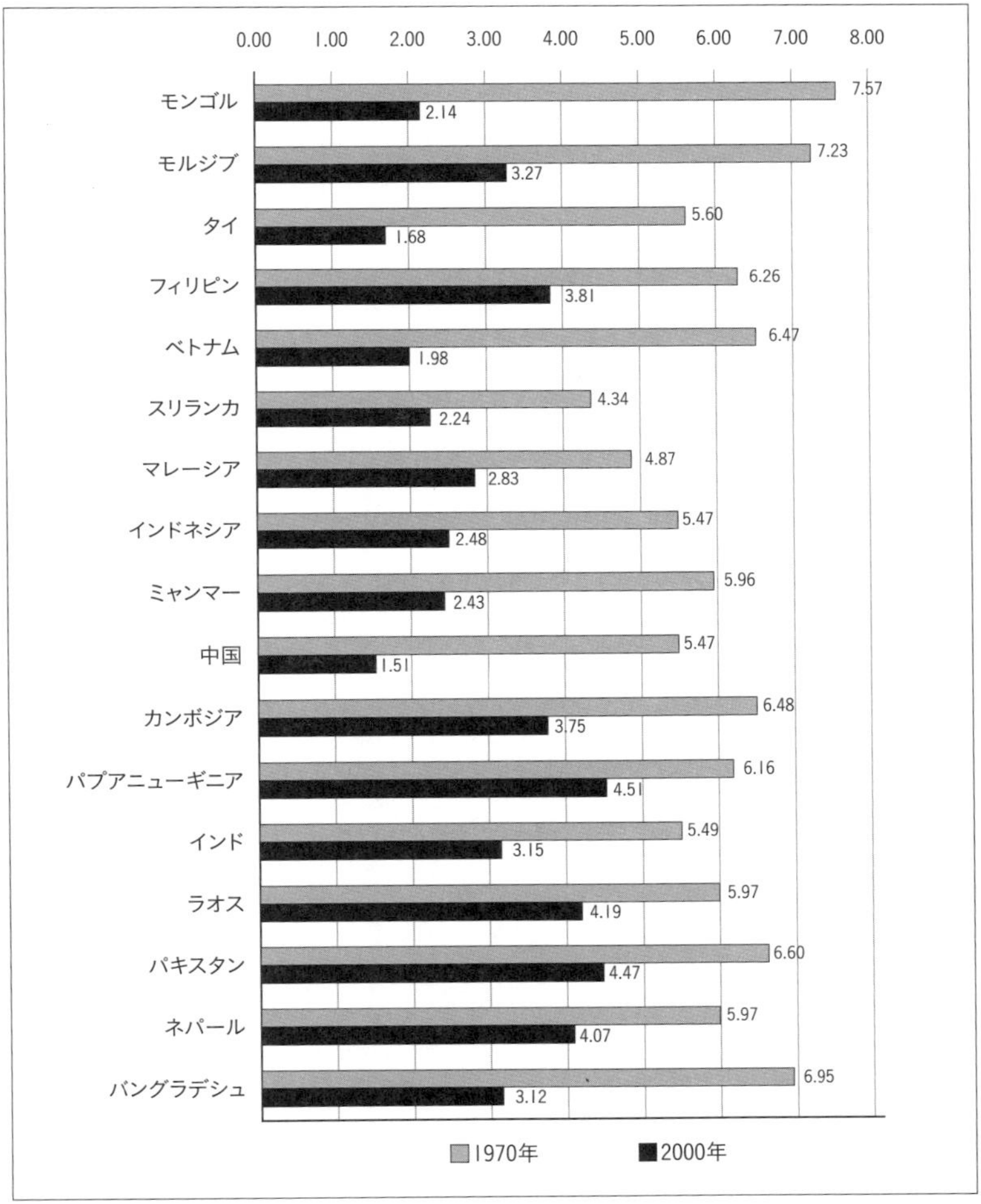


図９ アジア諸国の合計特殊出生率

＊ユネスコ・アジア文化センター、アジア太平洋識字データベースおよび世界銀行データベースの資料より作成

言える。

もしも識字率の向上が少子化をもたらすとしたら、識字率の向上が大きい国ほど、合計特殊出生率は大きく減少したはずだ。

しかし、現実は逆である。

図10のグラフは、縦軸に合計特殊出生率の変化の大きさを、横軸に識字率の変化の大きさを取ったものだ。1970年の数字を1としたときに、2000年の数字がそれぞれ何％変化していたかを示している。グラフを見れば分かるとおり、識字率があまり変化しなかった国ほど合計特殊出生率は大きく低下した。また、識字率が著しく向上した国ほど、合計特殊出生率はあまり変化しなかった。

なぜこのような結果になるかと言うと、合計特殊出生率が大きく減少した国は、モンゴルやタイ、ベトナムのように、もともと識字率の高かった国が中心だからだ。たとえばモンゴルの識字率は1970年の時点で95・5％だった。

一方、識字率の向上幅がいちばん大きかったのはラオスで、30年間で2倍近く上昇した。もしも識字率の向上が少子化をもたらすのなら、ラオスのような国でこそ合計特殊出生率が急落するはずだ。しかし現実には、ラオスは合計特殊出生率がもっとも下がらなかった国の一つだ。2000年の時点で4・19。日本の戦前と同じく4以上の水準を維持していた。

識字率の向上が少子化をもたらすという仮説は、極めて疑わしい。

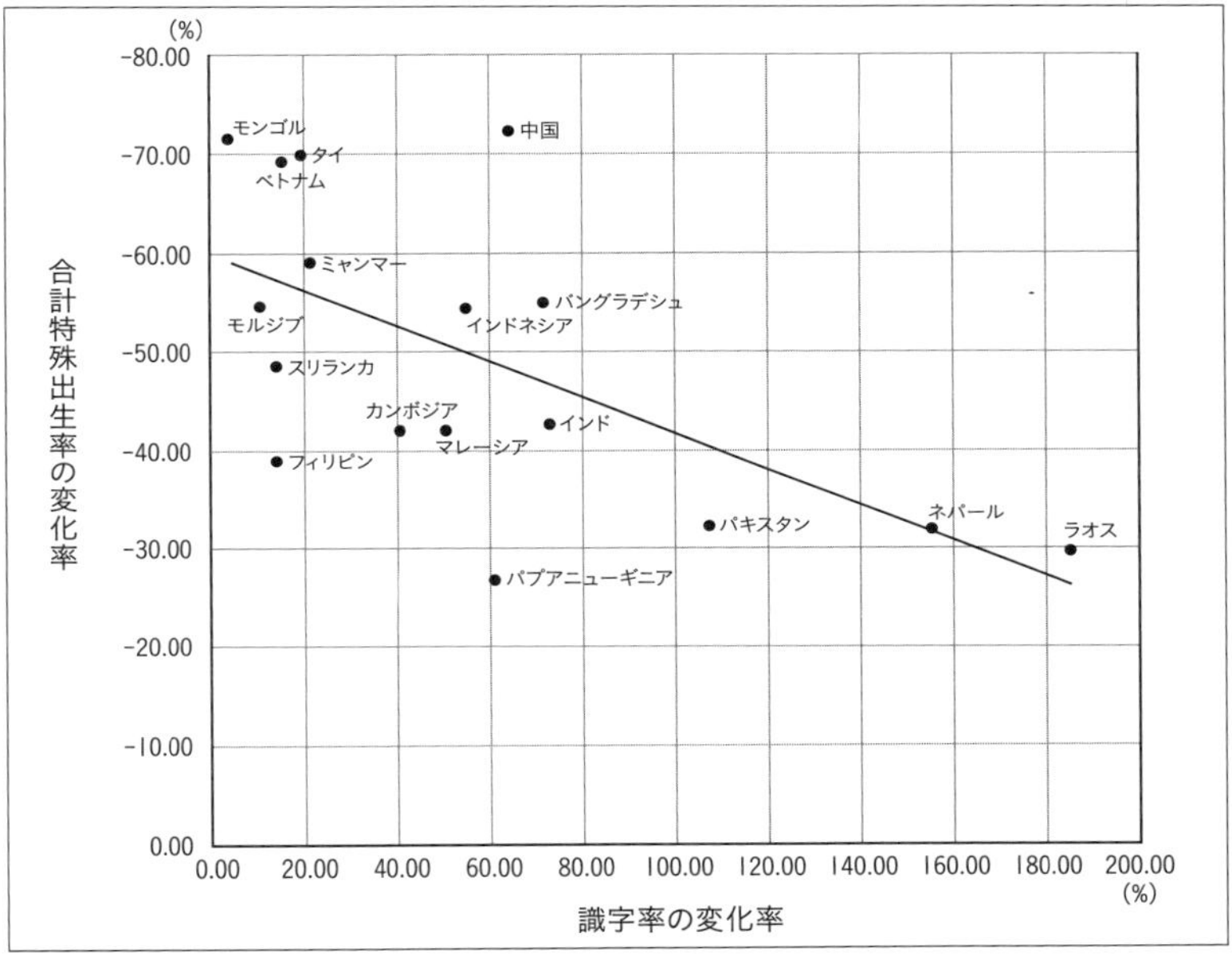


図 10 識字率と合計特殊出生率それぞれの変化率の関係（1970 − 2000 年）

＊ユネスコ・アジア文化センター、アジア太平洋識字データベースおよび世界銀行データベースの資料より作成

＊合計特殊出生率の変化率とは、1970 年における合計特殊出生率を 1 とした際に何％下落したかを表す。
＝（[2000 年の合計特殊出生率 ] − [1970 年の合計特殊出生率 ]）÷ [1970 年の合計特殊出生率 ]

＊識字率の変化率とは、1970 年における識字率を 1 とした際に、何％向上したかを表す。
＝（[2000 年の識字率 ] − [1970 年の識字率 ]）÷ [1970 年の識字率 ]

これは男性目線のマッチョな思考にもとづいた仮説だ。この仮説の背後には、「男性同様の教育を受けなければ、女性は自分が産むべき子供の数を正しく判断できない」という発想がある。この仮説が描き出すのは、男性に求められるがまま子供を産むという、主体性のない女性像だ。そんなバカげた話があるだろうか。

女性は、時代ごとの社会情勢や周囲の環境に応じて、自分の産むべき子供の数を正しく判断していたはずだ。そうでなければ、人類はとっくに絶滅している。

人類が文字を発明したのは約5000〜6000年前、どんなに甘く見積もっても8000年前だ。一方、ホモ・サピエンスには20万年を超える歴史がある。子供を産む数が多すぎても、少なすぎても、一族の滅亡につながる。子供が多すぎれば資源が行き渡らず、少なすぎれば不慮の事故で血縁が途絶えるリスクが増大する。女性たちは20万年にわたって産むべき子供の数の判断を誤らなかった。出産数の決定メカニズムに文字が関係しているとは思えない。

## 6. 人工中絶が果たした役割

一つの「なぜ?」には、二つの答えが必要だ。

**HOWの答えとWHYの答え**だ。

たとえば「なぜ鳥は空を飛ぶのか?」という疑問には、二つの答えがある。「力学的に優れた翼を持つから」がＨＯＷの答え。「敵から逃げやすく、獲物を見つけやすくなるから」がＷＨＹの答えだ。揚力発生のメカニズムを調べただけでは、鳥が飛ぶ理由を理解したことにはならない。空を飛ぶことの合理性まで、あわせて考える必要がある。

このことを念頭において、ここから先は読んでほしい。

人工中絶の合法化は、しばしば少子化の原因だと指摘される。中絶が増えれば、出産は減る。そして少子化が進む。じつに明快な話だ。

日本では１９４８年に優生保護法が施行され、１９４９年には経済的理由での中絶が認められた。世界に先駆けて、合法的に堕胎手術を受けられるようになった。この法律は母体保護法と名前を変えて、現在も生き続けている。

では、人工中絶の実施状況を見てみよう［＊11］。

ここでいう「実施率」とは、15～49歳の女子人口のうち、堕胎手術が行われた件数の割合を示している。単位はパーセントではなくパーミル（千分率）だ。また対出生比とは、出生数１００に対する中絶数だ。いずれも１９５０年代半ばにピークを迎えて、その後は逓減している（図11、12）。

１９５３～１９６１年の９年間にわたり、日本では中絶件数が１００万件を超えていた。対出生比のピークは１９５７年の71・６％で、生まれた赤ん坊１・４人に対して中絶１件の割合

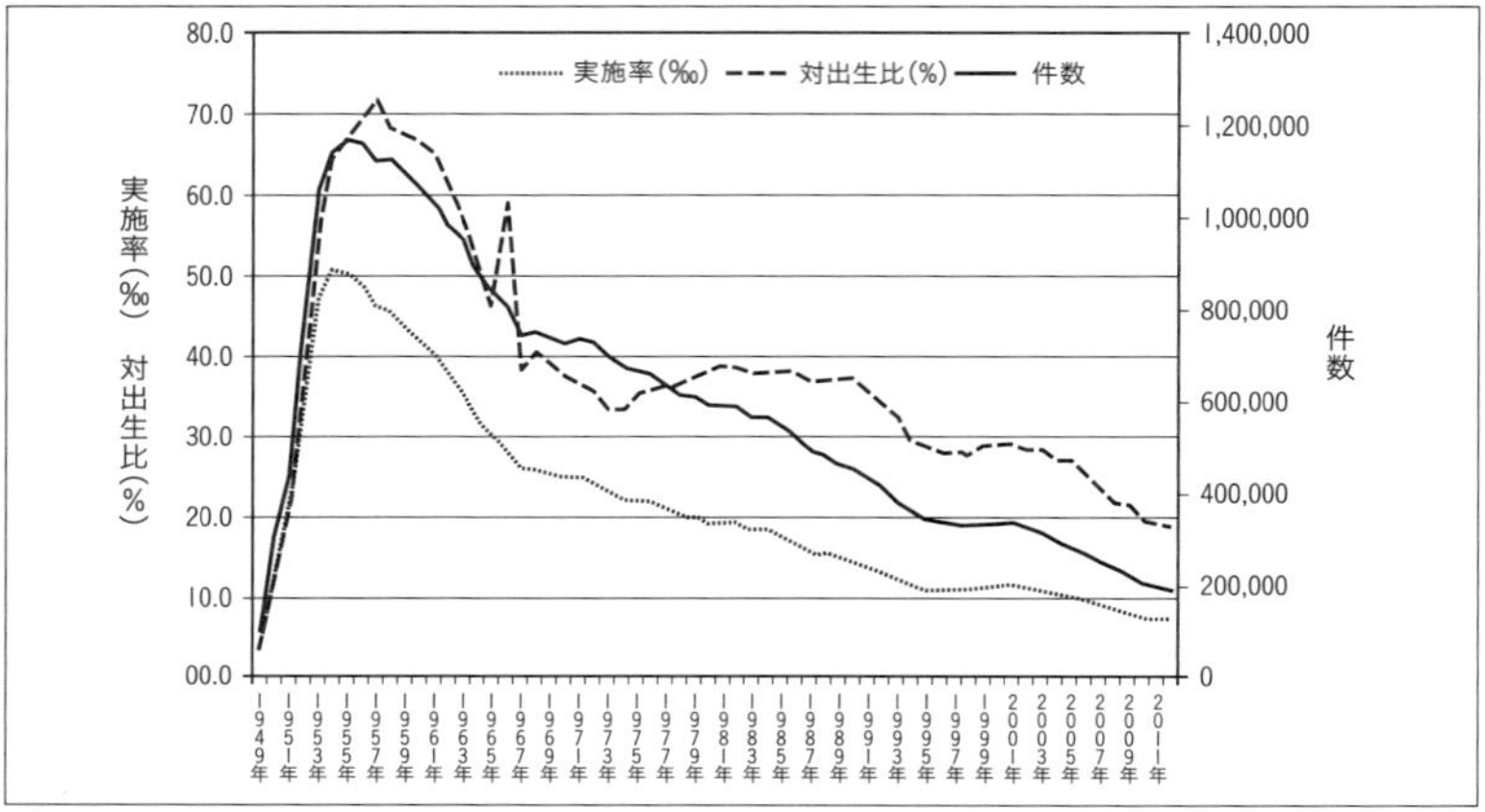


図 11　人工中絶の実施状況

＊国立社会保障人口問題研究所『人口統計資料集 2014』「人工妊娠中絶数および不妊手術数：1949 ～ 2012 年」より作成

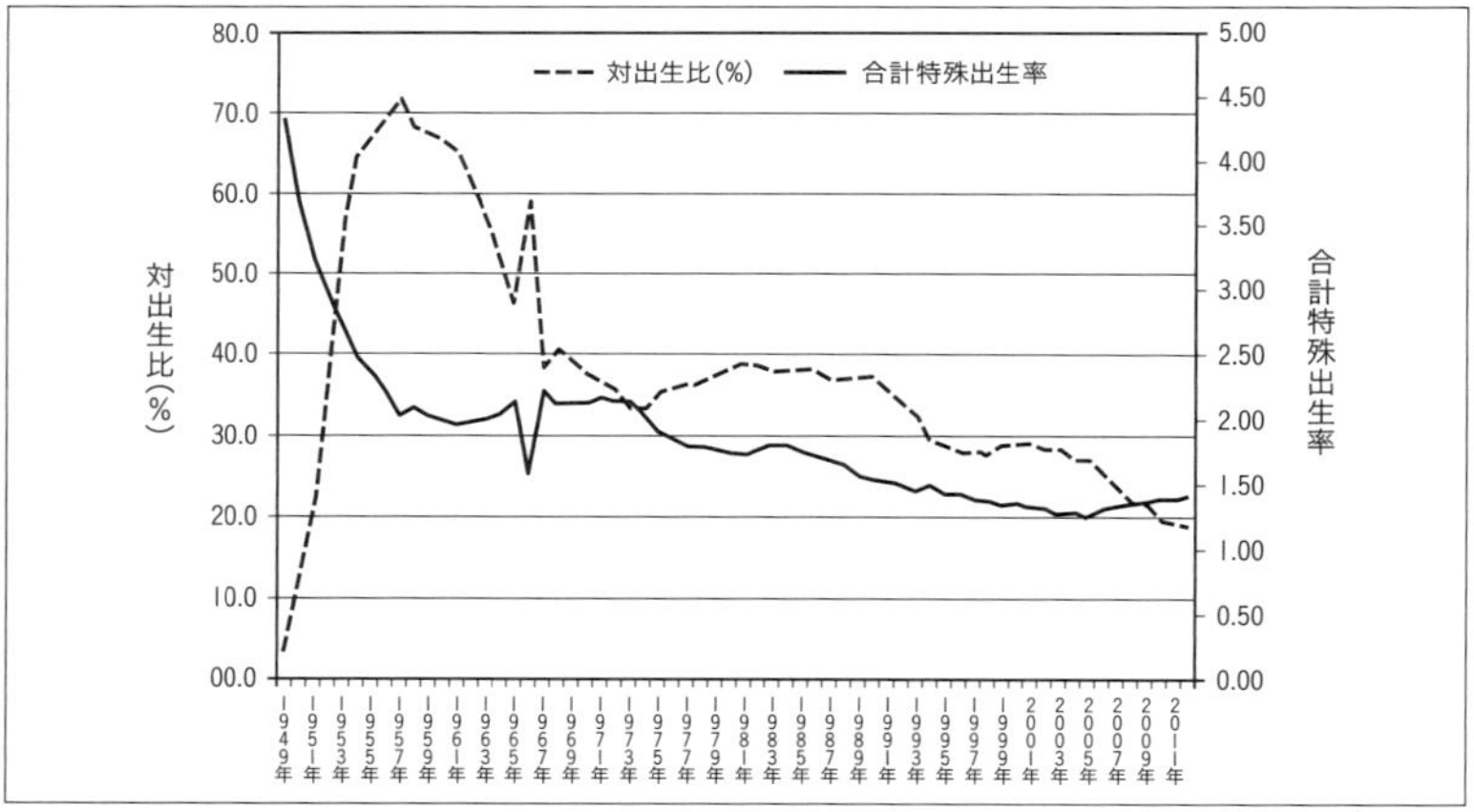


図 12　人工中絶と合計特殊出生率の推移

＊国立社会保障人口問題研究所『人口統計資料集 2014』「人工妊娠中絶数および不妊手術数：1949 ～ 2012 年」より作成

だった。これはなかなかショッキングな数字だ。

堕胎手術の件数は1950年代に急増した。これは合計特殊出生率の急減と一致する。「人工中絶の合法化によって少子化傾向が進んだか？」と訊かれたら、答えはイエスだ。ただし、これは答えの半分でしかない。

女性たちは、中絶が合法化されたから堕胎したくなったわけではない。**何か別の理由**で子供を産みたくないから、堕胎を選んだのだ。もしそうでないとしたら、現在まで続く出生率の低下にあわせて、中絶件数も増え続けていなければおかしい。しかし実際には、堕胎手術は減少している。堕胎よりも避妊を選ぶようになったからだろう。

堕胎手術は子供を産まない手段であり、理由ではない。

中絶手術は減り続け、2012年には20万件を切った。法施行直後の1949年の水準に戻るのも時間の問題だろう。したがって、中絶を禁止しても少子化対策にはならない。不幸な子供が増えるだけだ。

人工中絶の合法化は、「なぜ少子化が進んだのか？」という疑問のHOWの答えでしかない。少子化の原因を知るためには、WHYの答えを——堕胎を選んだ「何か別の理由」を——見つける必要がある。

## 7. 経済的合理性という嘘

少子化は、経済的に豊かな先進国から始まった。このことから、所得増加そのものが少子化の原因だとする仮説がある。ゲーリー・ベッカーら経済学者たちが主張した仮説で、理論の簡潔さと明晰さで高く評価されているという[*12]。しかし、この仮説は間違っている。

所得が増えれば子供は減る——。もしもこれが本当なら、子供はジャガイモなどと同じ「下級財」だということになる。経済的に豊かになると、人は主食としてのジャガイモの消費を減らし、代わりに小麦やパンの消費を増やす。子供の数にも同じことが当てはまるとベッカーらは主張した。

人の消費活動には二つの制約がある。一つは予算の制約、もう一つは時間の制約だ。所得が増えて予算の制約が緩むと、時間の制約がより重要な意味を持つようになる。どんな金持ちだろうと、1日に消費できる時間は24時間しかない。自動車をどんなにたくさん買っても、自動車に乗っている時間はあまり変わらない。そのため、自動車の数を増やすのではなく、より高級な自動車に乗るようになる。

子供を「消費財」と見なした場合、極めて長い時間を必要とする財だと言える。子供と遊んだり、子供の成長を見守るのは楽しい。が、その喜びを得るには膨大な時間がかかる。だから所得が増えた人は、子供よりも、もっと時間のかからない財——高価な家屋や、高級な食事、豪奢な衣服など——を消費するようになった。スズキの軽自動車からレクサスやベンツに乗り換えるように、所得が増えた人は子供の数を増やすのではなく、子供1人あたりの教育費の支出を増やすようになった[＊13]。これがベッカーらの仮説だ。

ところがこの仮説は、日本の少子化現象には当てはまらない。日本の少子化傾向が始まったのは1949年。高度成長を遂げて、所得が増加する以前だ。もしもベッカーらの主張するとおり所得増加が少子化の原因なら、まず所得増加が起こり、それを追って少子化傾向が進まないとおかしい。しかし、現実は逆だ。

図13、14のグラフは、日本の合計特殊出生率と1人あたりGDPの推移を示したものだ。ここでは1人あたりGDPとして、経済学者アンガス・マディソンらが推計した購買力平価換算のものを用いた。物価水準やインフレ、為替の影響を取り除いて、1990年の米ドルに換算した金額だ。これを使えば、時代や地域を越えて、国民1人あたりの豊かさを比較できる。

このグラフを見れば、合計特殊出生率の低下が所得増加よりも先に起きたことは明らかだ。後述するが、このことは日本以外の多くの国で共通していた。したがって、ベッカーらの仮説は成り立たない。

現在まで続く世界的な少子化傾向は、18世紀後半から20世紀初頭にかけてヨーロッパで始まった。女性の識字率向上や、子供を「消費財」と見なす仮説は、この時代のヨーロッパで起

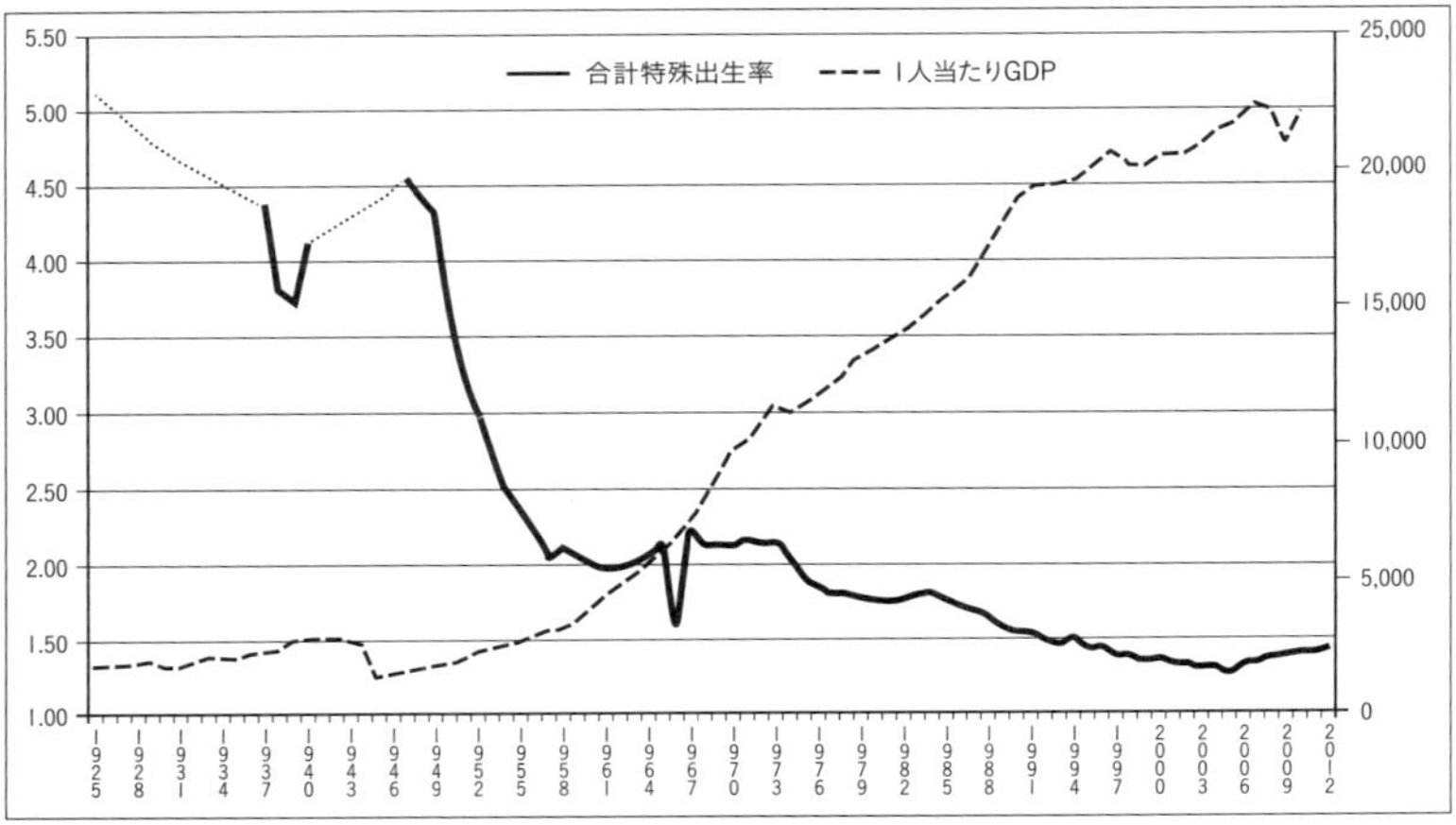


図 13　合計特殊出生率と 1 人あたり GDP の推移（1925 − 2012 年）

＊ 1 人あたり GDP の単位は、購買力平価換算の実質ドル（1990 Int.GK$）

＊政府統計 e-stat、厚生労働省「人口動態統計」データおよびフローニンゲン大学マディソン・プロジェクトデータベースの資料より作成

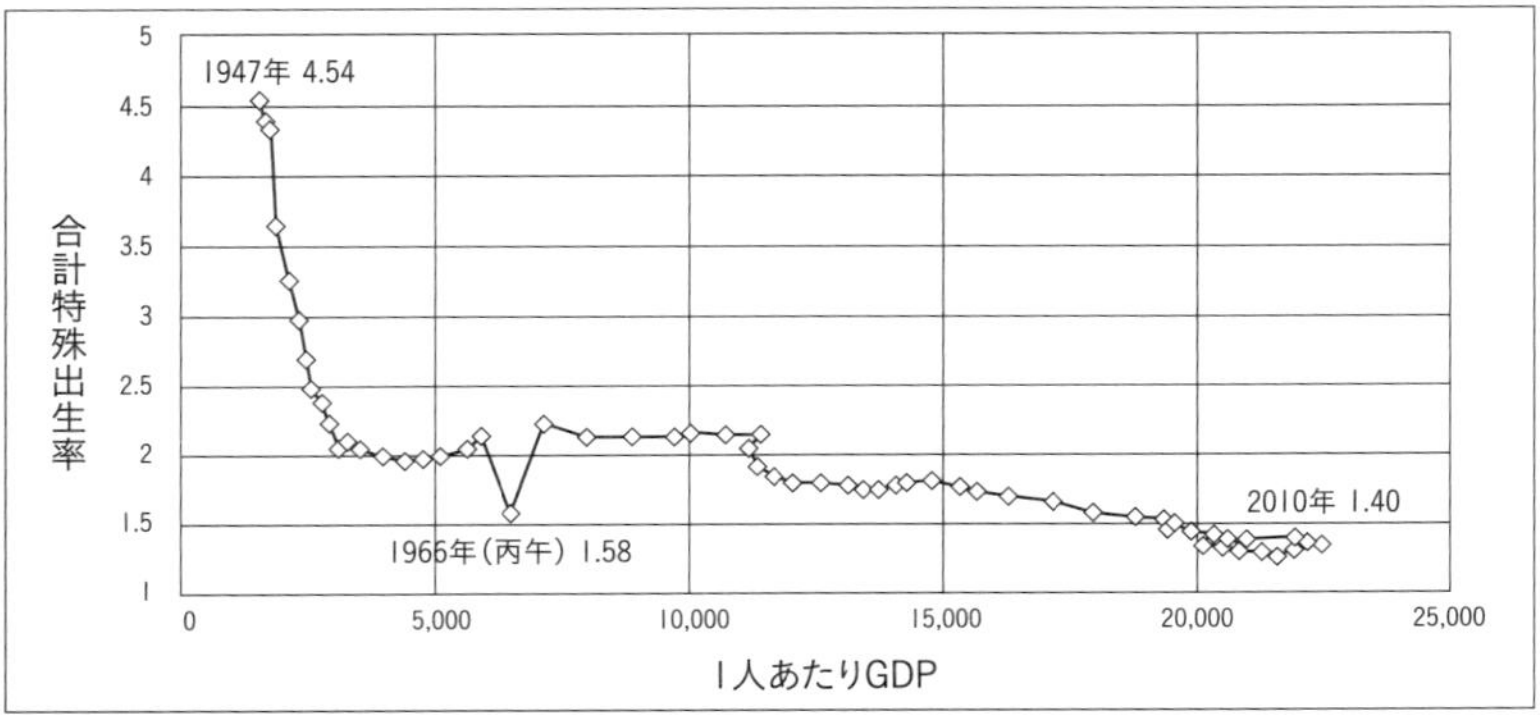


図 14　合計特殊出生率と 1 人あたり GDP の関係（日本 1947 − 2010 年）

＊ 1 人あたり GDP の単位は、購買力平価換算の実質ドル（1990 Int.GK$）

＊政府統計 e-stat、厚生労働省「人口動態統計」データおよびフローニンゲン大学マディソン・プロジェクトデータベースの資料より作成

きた現象だけなら上手く説明できるのかもしれない。

しかし、当時のヨーロッパで見られた少子化傾向とは、合計特殊出生率が狩猟採集民族と同水準の6以上から、戦前日本と同水準の4前後まで下がるという現象だった。一方、現在の私たちが直面しているのは、合計特殊出生率が2以下に下がり、人口を維持できない水準まで落ち込むという現象だ。識字率仮説やベッカーの仮説では、20世紀後半の極端な少子化を説明できない。

## 8. 子供が死ななくなった

シャーロック・ホームズいわく、たとえどんなにあり得なさそうでも、他に可能性がないなら、残ったものが真実である。同じことが少子化の原因にも言える。

働く女性の増加や、女性の高学歴化、識字率の向上では、合計特殊出生率の急落は説明できない。人工中絶の合法化は、少子化の手段であって理由ではない。経済的合理性から子供の数を減らすというベッカーらの仮説は、20世紀後半の少子化には当てはまらない。

ただし、残った仮説が一つある。

死亡率の低下が少子化をもたらすという仮説だ。

カレン・O・メイソンやジョン・クリーランドらの調査によれば、もっとも単純明快で説得力のある出生率減少の要因は、死亡率の低下しかないという[＊14]。「世界出産力調査」でクリーランドらは、出生率の低下をもたらしそうな様々な要因を検討した。教育程度の向上、義務教育の普及、識字率の上昇、市場経済への移行、家族計画の推進、そして死亡率の低下だ。このなかで出生率の低下にもっとも影響が大きかったのは、死亡率の低下、言い換えれば生存確率の上昇だったという。

このことは、日本の少子化にも当てはまる。死亡率のなかでも、とくに重要なのは子供の死亡率だ。ここでは乳児死亡率の推移を見てみよう（図15、16）。

乳児死亡率とは、出産千件あたりの生後1年未満の死亡数を意味している。日本の場合、1950年に60・1だったものが、1960年には30・7に半減した。これは合計特殊出生率の推移と恐ろしいほど一致する。さらに（中絶件数とは対照的に）1970年代以降の出生率低下に寄り添うように、乳児死亡率も減り続けている[＊15]。

団塊の世代が登場した理由も、これで説明できる。

戦後の合計特殊出生率は、1920年代に比較して決して高いものではなかった。団塊の世代が登場したのは、女性がたくさんの子供を産んだからではない。乳児死亡率が低下して、彼らの多くが生き残ったからだ。

乳児の死因は大きく四つある。肺炎・気管支炎など呼吸器系の死因。胃腸炎・下痢など消化

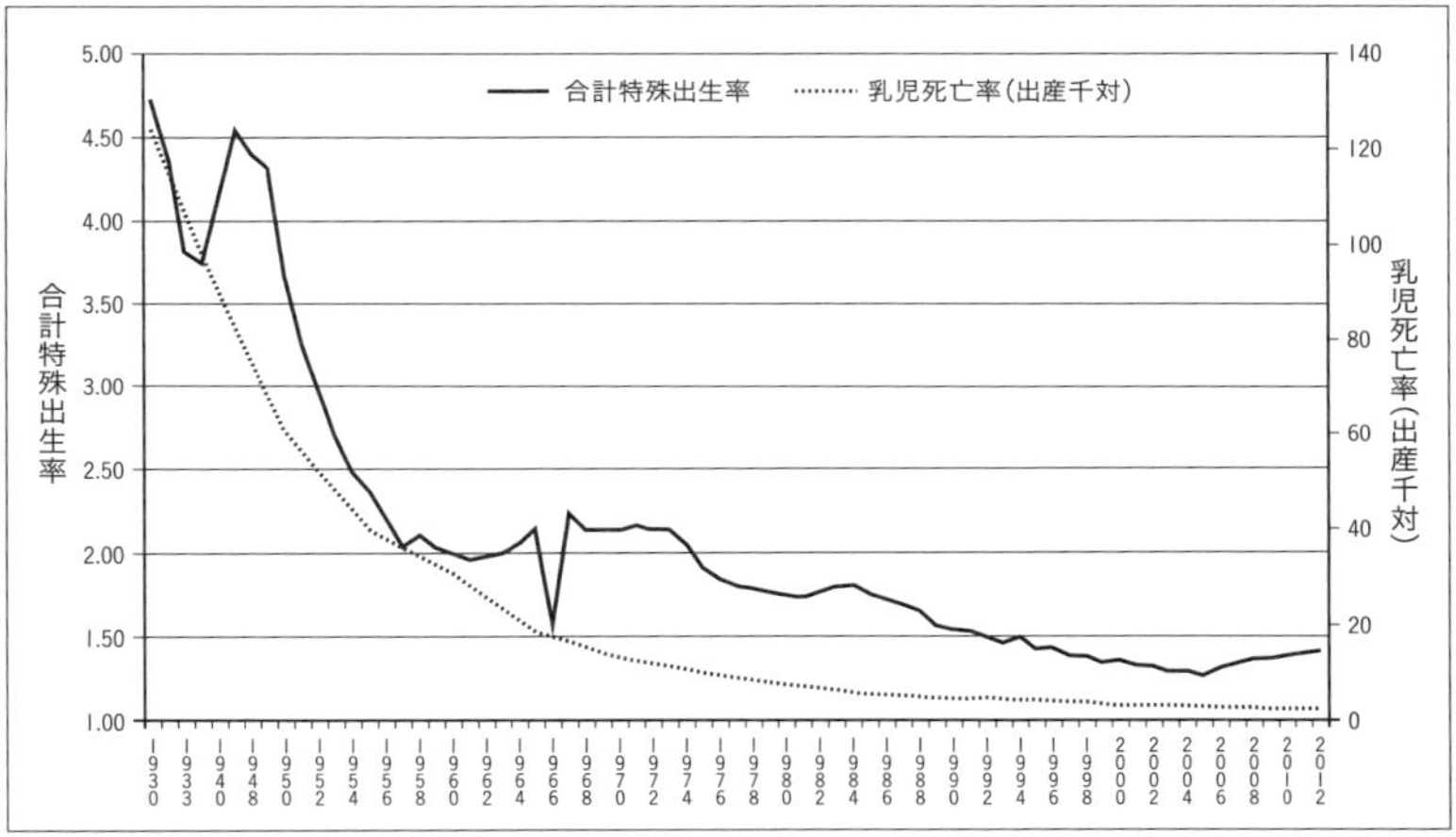


図 15　合計特殊出生率と乳児死亡率の推移

＊ 1947 ～ 1970 年は沖縄県は含まない。

＊政府統計 e-stat、厚生労働省の「人口動態統計」データより作成

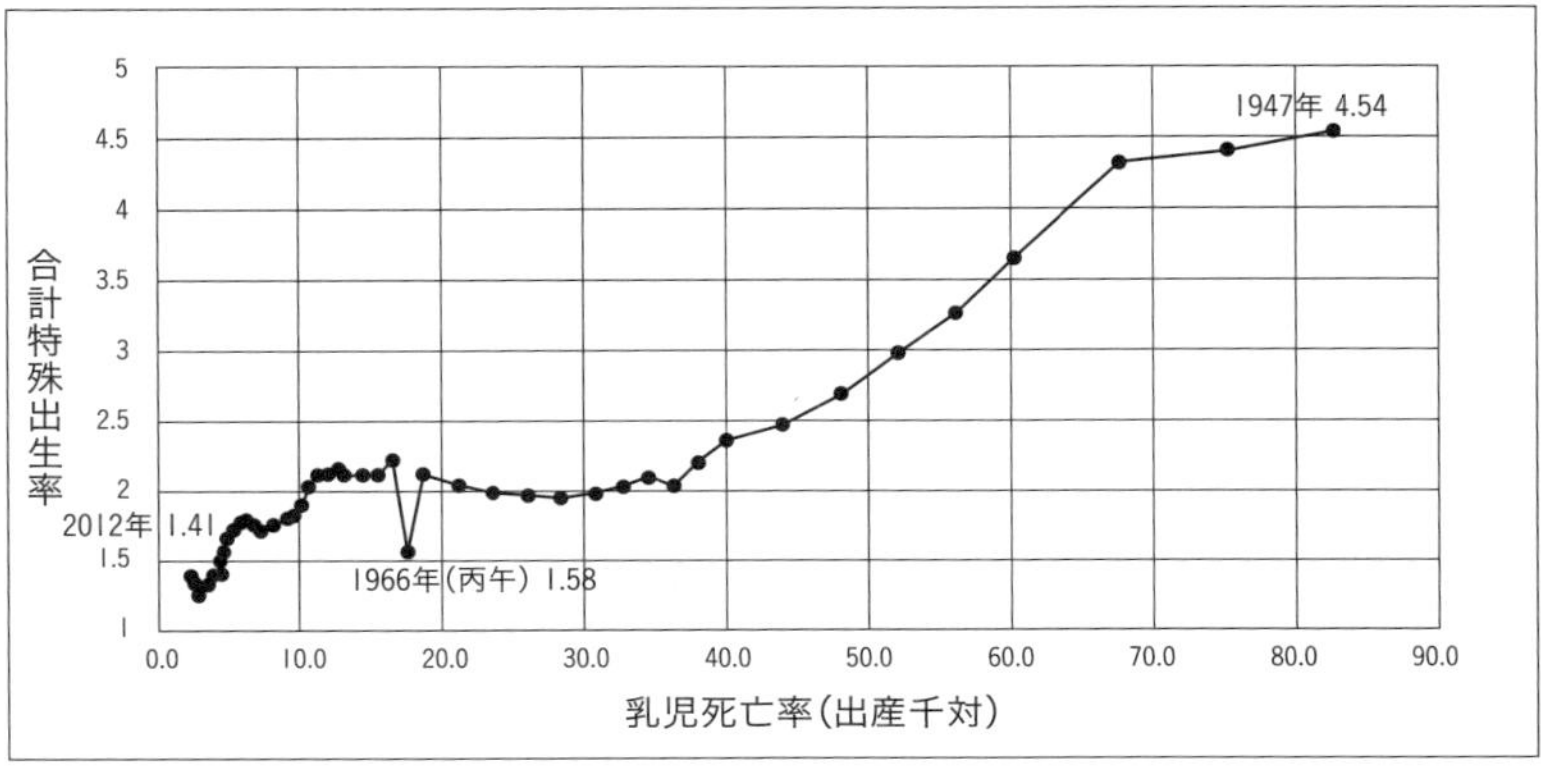


図 16　合計特殊出生率と乳児死亡率の関係（日本 1947 － 2012 年）

＊政府統計 e-stat、厚生労働省の「人口動態統計」データより作成

器系の死因。髄膜炎・脳炎など神経系の死因。そして先天性弱質および乳児固有の疾患だ。1930年代〜1940年代にかけて、これらの死因に対して有効な治療法が確立された。戦後、そういう治療法が日本でも普及し、乳児死亡率を低下させた［*16］。

国際的にも、乳児死亡率の低い国ほど出生率は低い［*17］。OECD諸国にかぎって比較しても、やはり同様の相関がありそうだ。子供が死なない国ほど少子化が進むのは、先進国、後進国を問わない普遍的な傾向だ（図17、18）。

どの国でも、経済が未発達なときには乳児死亡率が高く、出生率も高い。いわば多産多死だ。経済の発展にともない乳児死亡率が減少し、多産少死になる。そして経済発展とともに少子化が進み、少産少死になると言われている。いわゆる「人口転換説」だ。

しかし現実には、1950年代の日本のように少子化傾向はわずか10年ほどで進むことがある。日本では高度経済成長よりも先に少子化傾向が始まっていた。

日本だけではない。

先ほど識字率の推移を検討したアジア17ヵ国のうち、14ヵ国については、アンガス・マディソンらによる1人あたりGDPのデータがある。これを見ると、ほとんどの国で日本と同様に少子化傾向のほうが先に始まり、それを追いかけるように経済的に豊かになったことが分かる。タイやベトナム、バングラデシュは顕著な例だ（図19）。

一般的な仮説どおりにまず1人あたりGDPが増大して、それから少子化傾向が始まるとい

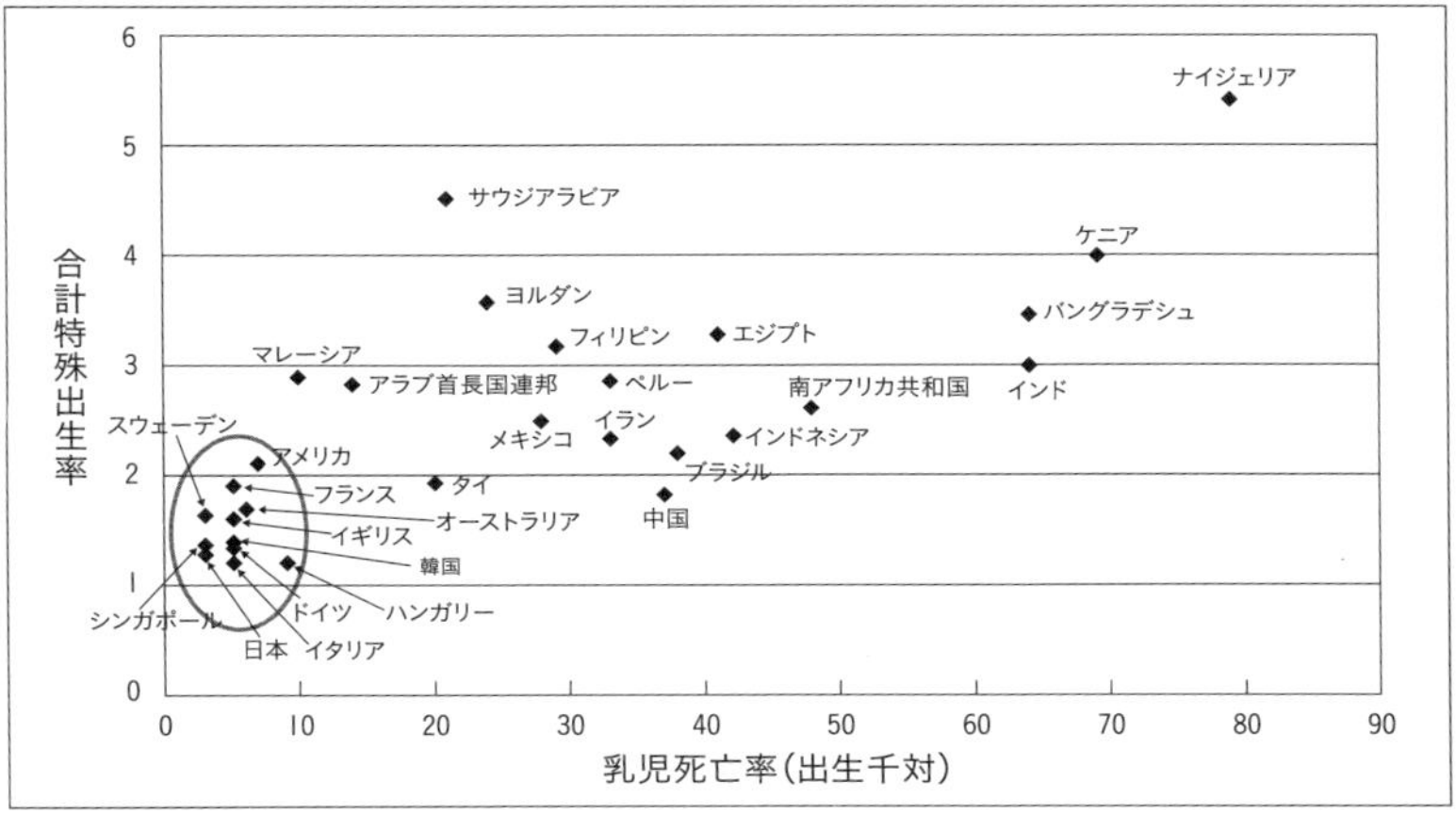


図 17　合計特殊出生率と乳児死亡率

＊国連人口基金「世界人口白書 2004」より作成

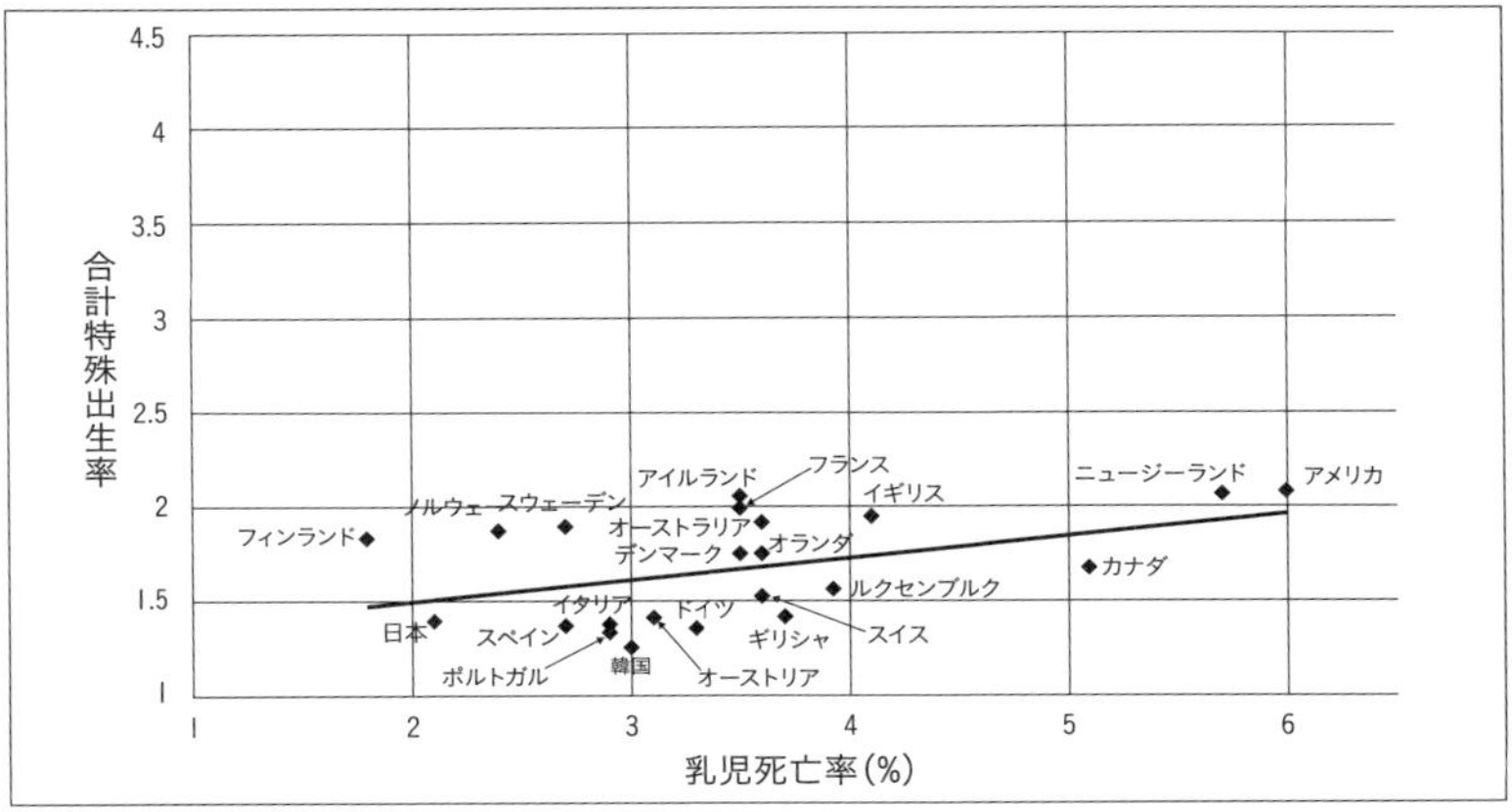


図 18　OECD 諸国における乳児死亡率と合計特殊出生率（2008 年以降）

＊総務省統計局「世界の統計 2015」および国際連合「Population and Vital Statistics Report」より作成

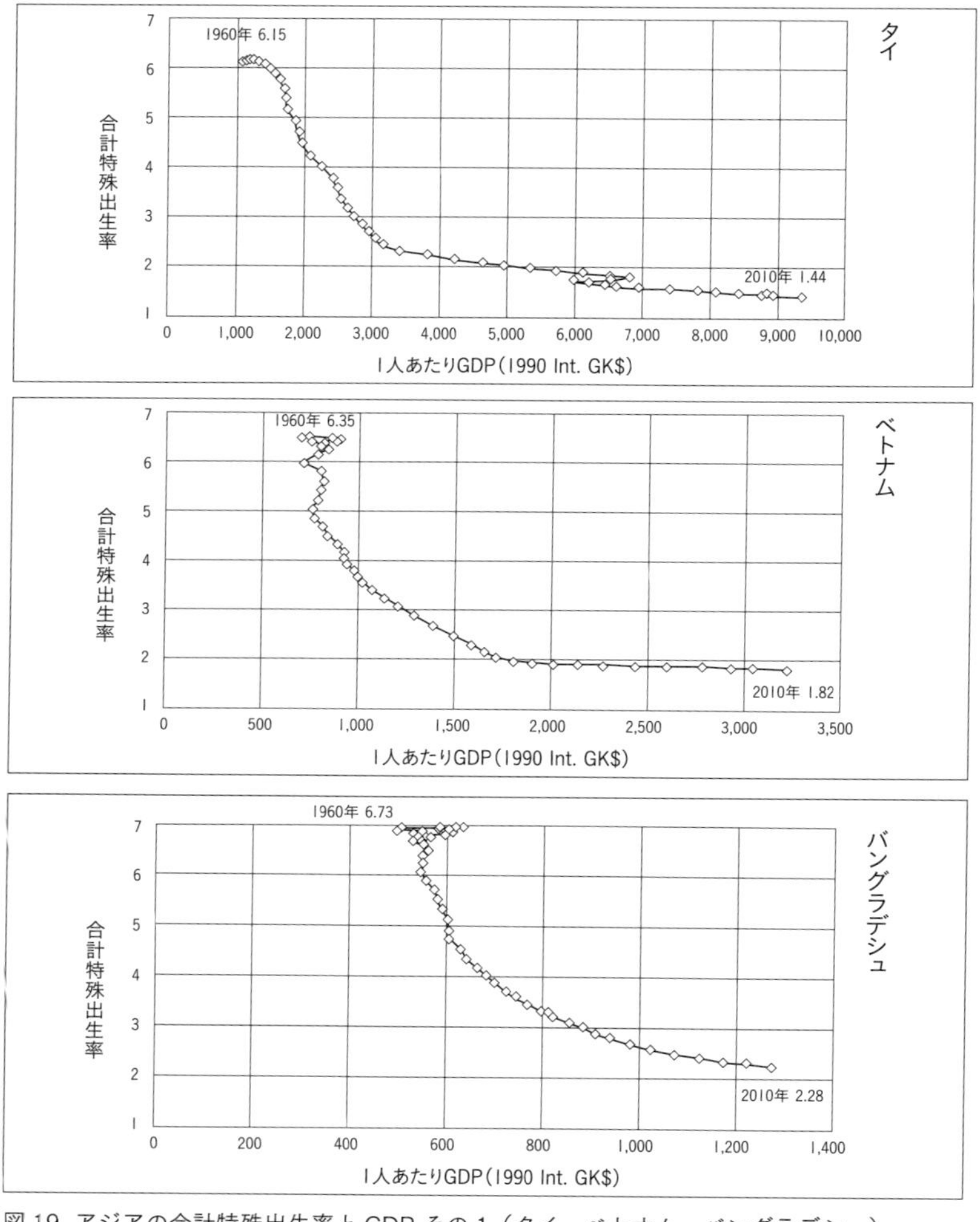


図 19　アジアの合計特殊出生率と GDP その 1（タイ、ベトナム、バングラデシュ）

＊図註：タイ、ベトナム、バングラデシュは日本に似ており、まず少産化が進んでから経済発展を遂げた

う傾向が明白だったのは3ヵ国。パキスタン、モンゴル、ラオスだった。しかし、この3ヵ国は現在でも経済的に豊かな国とは言いがたい（図20）。

一方、乳児死亡率を見ると、多くの国で合計特殊出生率に先行して低下している。とくにインドネシア、タイ、バングラデシュでその傾向が顕著だ。また先述のパキスタン、モンゴル、ラオスでも、乳児死亡率が合計特殊出生率よりも先に低下していた。このことは、子供の死亡率の減少が少子化をもたらすという仮説に一致する（図21）。

なお、例外的な推移を見せた国がいくつかあるが、政治・社会情勢から説明できる。

たとえばカンボジアでは、1960年代から1970年代にかけて、ポル・ポト政権下で大規模な虐殺が行われた。ポル・ポトから解放された直後には、国民の85％が14歳以下という極端な人口構成になっていたという。10年ほどのタイムラグはあるものの、合計特殊出生率のいびつな推移には大量虐殺の影響があると考えていいだろう。

また、フィリピンの場合は、1971年から1980年にかけて、乳児死亡率は下がらないのに合計特殊出生率が下がるという現象が起きた。これはフェルナンド・マルコスの独裁政権下で戒厳令が敷かれていた時期と一致する。社会不安が女性たちに出産をためらわせたのだろう。

ページ数の都合で、本書には今回調査したすべての国の情報を納めることができなかった。詳しくはブログ『デマこい！』を参照してほしい。

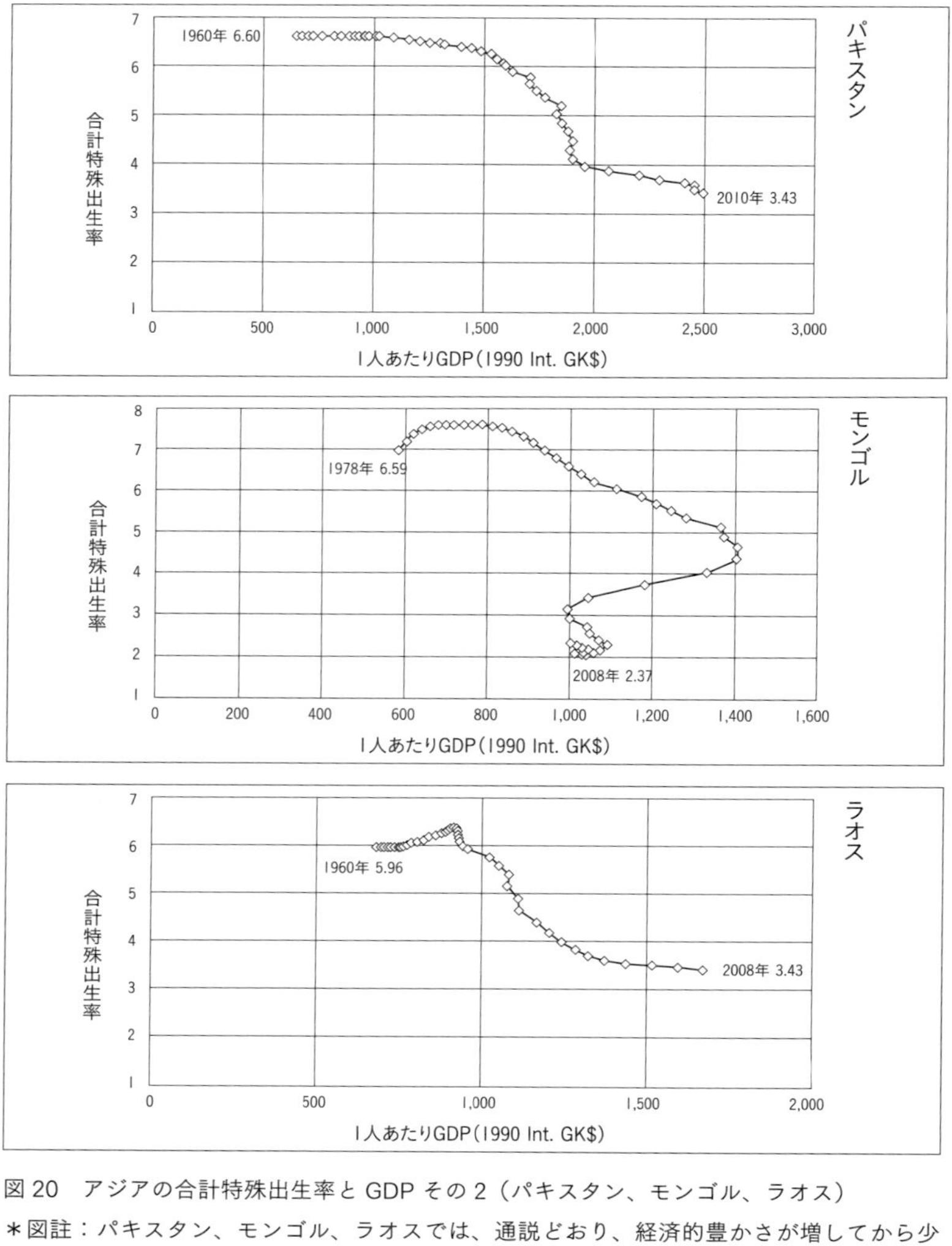


図 20　アジアの合計特殊出生率と GDP その 2（パキスタン、モンゴル、ラオス）

＊図註：パキスタン、モンゴル、ラオスでは、通説どおり、経済的豊かさが増してから少産化が進んだ。しかし、これらの国は現在でも「豊か」とは言いがたい

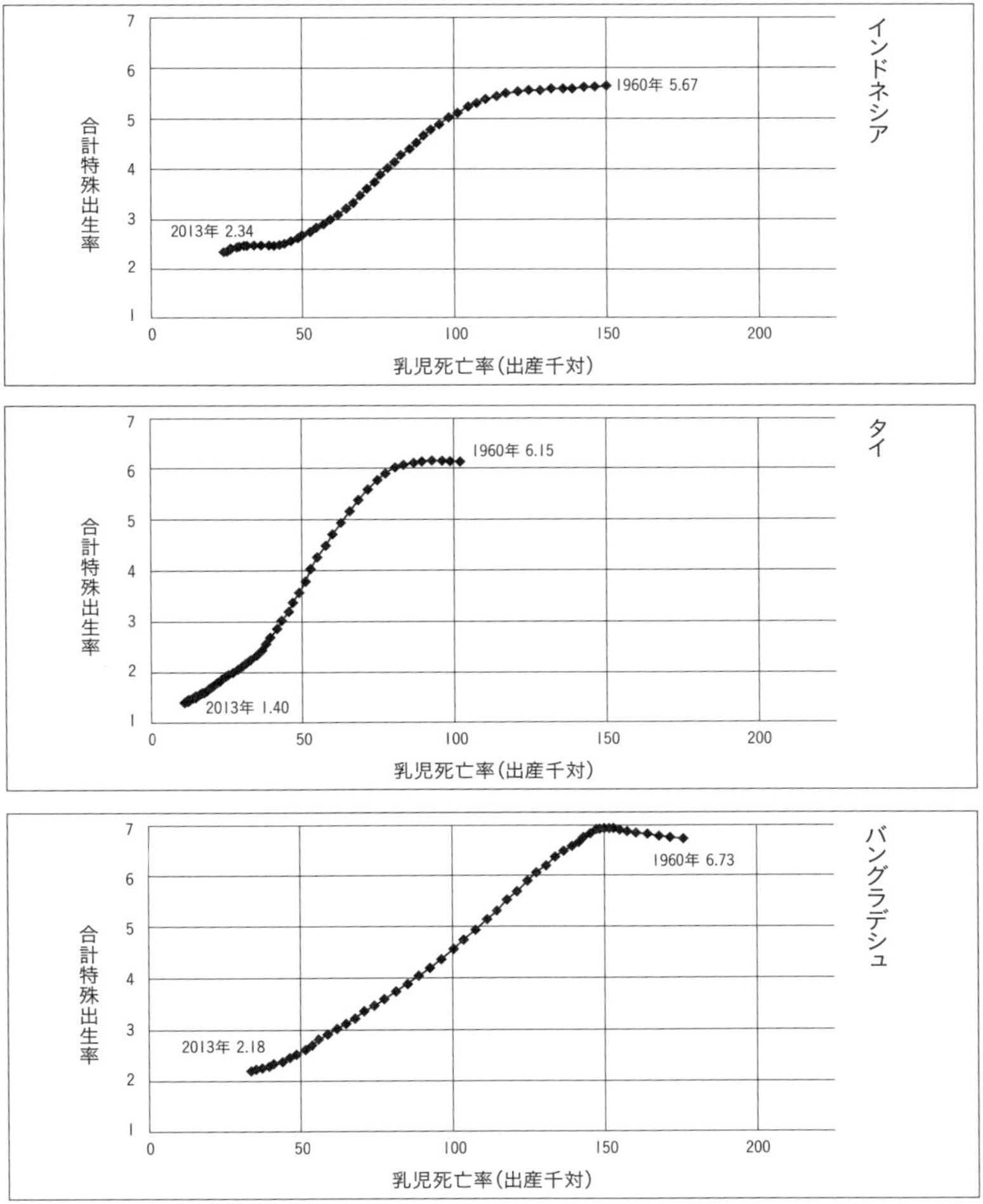


図21 アジアの合計特殊出生率と乳児死亡率 その1（インドネシア、タイ、バングラデシュ）

＊図註：いずれの国でも、まず乳児死亡率が下がり、それを追うように合計特殊出生率が低下している

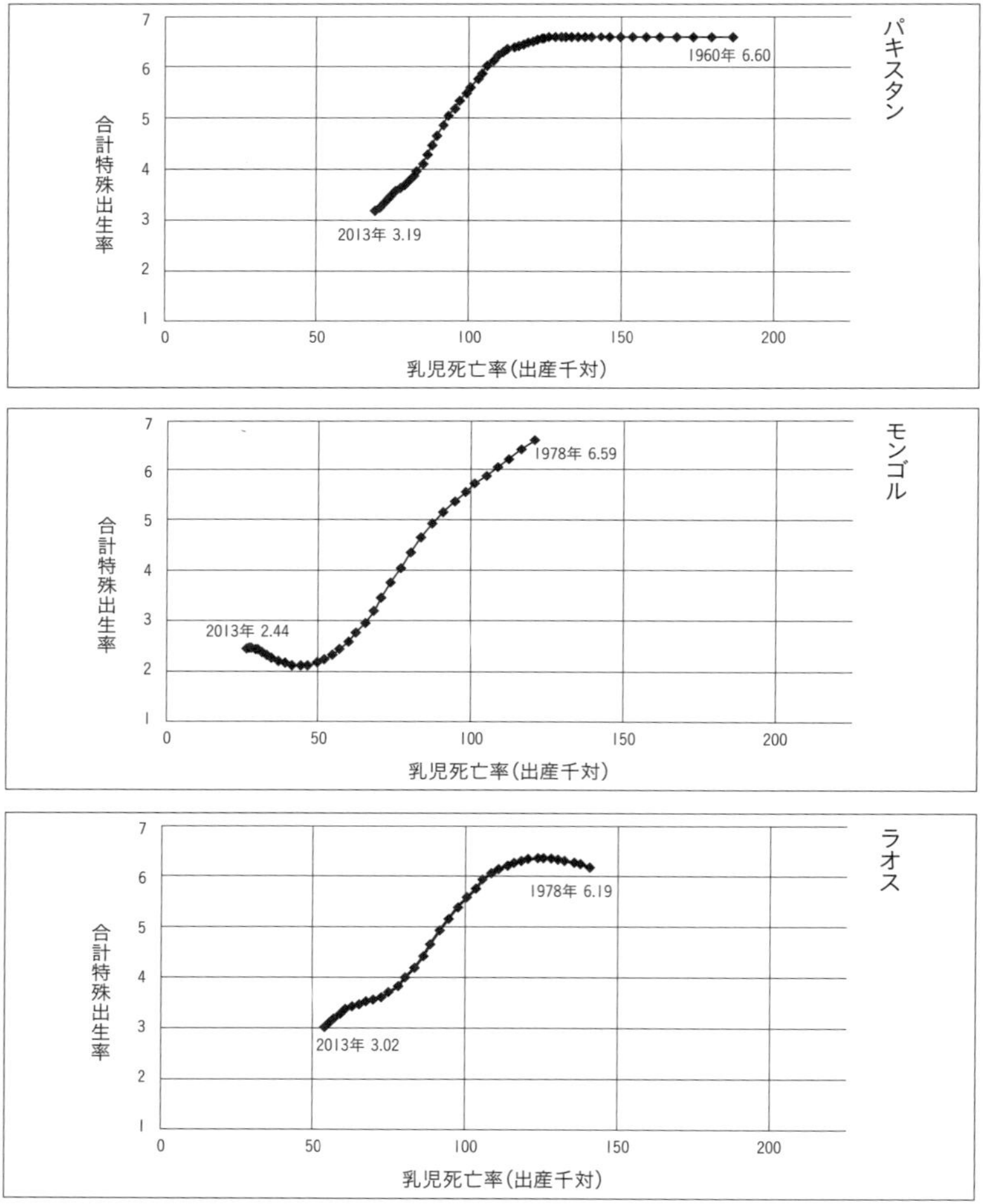


図 21 アジアの合計特殊出生率と乳児死亡率 その 2 (パキスタン、モンゴル、ラオス)

＊図註：いずれの国でも、まず乳児死亡率が下がり、それを追うように合計特殊出生率が低下している

ここまでの話をまとめよう。

少子化は世界的に見られる現象だ。今回調べた17ヵ国すべてで少子化傾向が見られた。たしかに近年の中国は目覚ましい経済発展を遂げた。タイやベトナムは高度成長の最中だと言われている。しかし依然として、これらの国の人々の所得は、先進国に比べれば低水準だ。にもかかわらず出生率は2以下で、先進国と同水準にまで落ち込んだ。大半の国では、経済的に豊かになるよりも先に合計特殊出生率の低下が始まっていた。

経済が発展すると少子化が進むのではない。医療の恩恵を受けやすくなり、子供が死亡しにくくなるから少子化が進むのだ。

生物は、できるだけたくさんの子孫を残そうとする。

だとすれば、乳児死亡率の低下が少子化を引き起こすのは不思議に思える。子供が死のうが生きようが、たくさんの個体を産めばよさそうなものだ。

では、なぜ少子化は起きるのだろう?

## 9. 生殖のパターン

ここから先の議論は一種の思考実験、いわばSFだと思って読んだほうがお楽しみいただけるかもしれない。というのも、ここまでの議論のようにデータに基づいて実証するのが難しいからだ。

「乳児死亡率が下がると産む子供の数を減らす」というヒトの習性は、ここまでのデータから言って、ほぼ間違いないだろう。では、なぜヒトはそのような習性を持つようになったのだろう。なぜ、ヒトはそんな「心」を進化させたのだろう。

進化の過程を物証で示すのは難しい。たとえばコウモリがどうやって飛べるようになったのかは、まだはっきりとは解明されていない。化石が見つかっていないからだ。まして「心」の進化となれば、物質的な証拠を示すのは不可能に近く、推測に頼るしかない。

難しいことを承知したうえで、他の動物の習性と比較しつつ、ヒトの心理が進化した過程を考えてみたい。

想像力をたくましく膨らませて、ここから先は読んでほしい。

動物の繁殖形態には様々なパターンがあり、子供をたくさん作ることが、必ずしも子孫繁栄

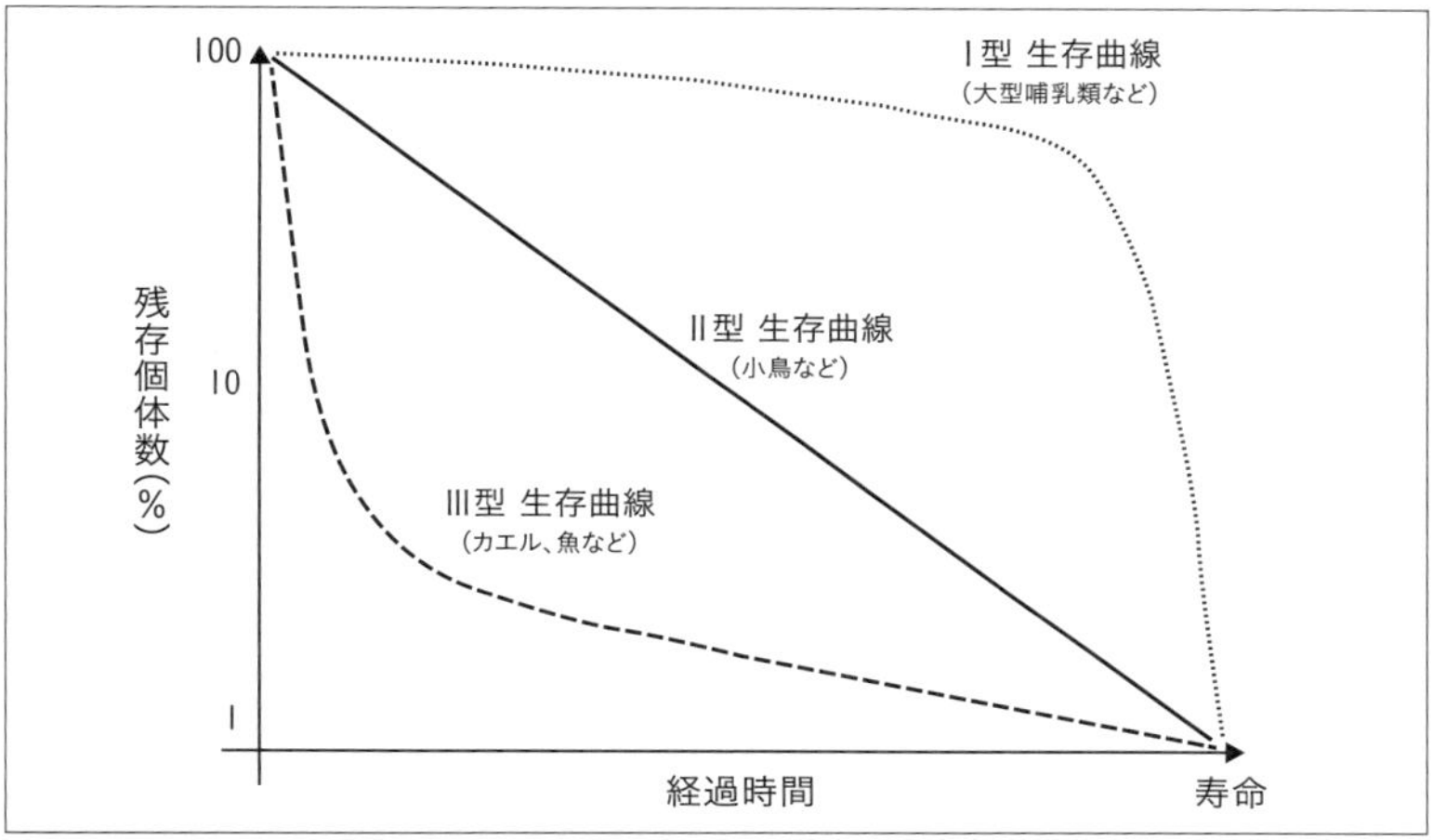


図22 生存曲線

につながるわけではない。場合によっては、子供をわずかしか産まず、その子にリソースを集中させたほうが、遺伝子を効率よく残せる。

このことは「生存曲線」で説明できる(図22)。グラフの横軸は時間経過を示しており、右端がその生物の寿命になる。また縦軸は生存個体数を示している。生存曲線は、出生から寿命までのうち、死ぬリスクの高い時期はいつなのかを表している。

I型は、大型の哺乳類にみられるタイプの生存曲線だ。親の庇護を受けるため、生まれた赤ん坊の多くが大人になれる。しかし年齢とともに肉体が老衰していき、寿命が近づくと急激に死亡率が高くなる。

II型は、小鳥などにみられるタイプだ。生まれてから死ぬまで、ほとんど死亡率が変わらない。子供も大人も、捕食等により死亡するリスクを等しく負っている。

Ⅲ型は、カエルや魚、貝などにみられるタイプの生存曲線だ。多数の子孫が卵や稚魚といった形でばらまかれるが、大半は生まれた直後に死んでしまう。一部の運のいい個体だけが成熟できる。

生存曲線のパターンによって、子育ての形態も異なる。

たとえばⅢ型の生存曲線を持つ動物では、親はほとんど子育てをしない。生まれた直後の死亡率が高いため、できるだけたくさんの子供を産まなければ子孫を残せない。子育てにリソースを——時間や栄養を——割くよりも、そのぶん卵を産んだほうが合理的なのだ。地球上でもっとも子供が多いのはマンボウだと言われており、一度に3億個の卵を産む。しかし大人になれるのはそのうちわずか数匹で、当然、親は子育てをしない。

小鳥の繁殖行動を考えれば分かるとおり、Ⅱ型の生存曲線を持つ動物はしばしば子育てを行う。生まれた直後の生存率を高めることで、より多くの子孫を残そうとするのだ。しかし大人になってからも捕食等で命を落とす可能性があるため、長期間の子育てはできない。たとえばツバメのひなは、わずか20日ほどで巣立ちを迎える。ツバメは毎年1～2回、場合によっては3回の繁殖を行うという。子育て期間を短くして、そのぶん繁殖回数を増やす戦略だ。

Ⅰ型の生存曲線を持つ動物は、子育てに多大なリソースを投資する。哺乳類の場合、妊娠期間中は新たな繁殖ができず、胎児のぶんまで栄養を摂取しなければならない。赤ん坊を身ごもるだけで、時間や栄養といったリソースを投資しているのだ。ゾウは典型的なI型の生存曲線を持つ動物だが、妊娠期間は22ヵ月で、子供の成熟には10年以上かかるという。

そしてヒトも、I型の生存曲線を持つ動物だ。

ヒトは鋭いかぎ爪や頑丈な牙を持たない。森のなかで暮らしていた私たちの祖先は、貧弱な裸のサルに過ぎなかった。しかし彼らは強力な武器を持っていた。優れた学習能力と、それにともなう非遺伝的な行動——つまり、文化だ。

教育がなければ、ヒトの子供は食料と毒草の区別もできない。食べられるキノコと毒キノコを見分けられないし、魚の採り方も、狩猟の方法も分からない。教育を施すことが——言い換えれば、子育てに多大な投資を行うことが、ホモ・サピエンスの生存戦略だった。I型の生存曲線を持つ動物のなかでも、ヒトはとくに膨大な教育的投資を行う動物だと考えられる。

したがって、子供を必要以上にたくさん作るのではなく、子供1人あたりへの投資を増やそうとする性質をヒトは持っているはずだ。反面、子供に充分な投資を行えない環境では、繁殖をためらうと考えられる。

## 10. おばあちゃん仮説

ヒトは、子供1人あたりへの投資を増やそうとする性質を持っているはずだ。これは親から子への投資に限らない。

たとえば「おばあちゃん仮説」というものがある。

ヒトは10代後半~30代で生殖を終えるが、その後も長い寿命を持つ。多くの哺乳類ではメスの生殖能力の限界と寿命とがほぼ一致している。ところが、ヒトの場合は閉経後も生き続ける。これは他の霊長類と比べても、とても珍しい特徴だ。

なぜヒトは、生殖能力を失っても生き続けるのだろう?

おそらく文明が始まる以前から、ホモ・サピエンスは60歳以上の寿命を持っていた。たとえば現代の狩猟採集民族の20歳時点の平均余命は約40年で、20歳まで生き延びた人は、そのまま60~70歳まで生きる可能性が高い[*18]。私たちの先祖も同じくらい長生きだったはずだ。俗説では、先史時代の人々は短命だったと言われている。しかし、現代社会で平均寿命が延びたのは、おもに乳児死亡率が下がったからであり、最長寿命が延びた影響は小さい。

はるか昔から、ヒトの寿命は60年以上だった。人体の臓器はその寿命に向かってゆっくりと老化していく。しかし、女性の生殖能力だけは、なぜか40代後半から急速に失われてしまう。

たとえばゾウの場合、55歳まで生きる個体は全体のわずか5%で、この年齢がほぼ寿命だと言える。そして55歳になっても、ゾウのメスはピーク時の50%ほどの生殖能力を有しているという[*19]。ヒトのように閉経後も10年以上生きる哺乳類はいない。

ヒトの場合、生殖能力を失っても、娘・息子の育児を手伝うことで、孫の生存率を高められる。だからヒトは長い「老後期間」を持つように進化した。これがおばあちゃん仮説だ。年配の女性が蓄えた知識や経験、社交能力は、一族の繁栄に欠かせないものだったのだろう。個人的な経験からいえば、核家族化の進んだ現在でも、女性は産前産後に実家に戻るケースが多い。実母からの支援を受けるほうが、安心して子供を産めるようだ。このことは、おばあちゃん仮説と一致する。

社会学者や経済学者は、「老後の保障として子供を作る」というモデルを使う場合があるようだ。たとえば社会人口学者ジョン・C・コールドウェルは、利益（富）の世代間の流れという概念を用いて少子化の原因を探ろうとした〔*20〕。伝統的な社会では、たくさんの子供を産むことが老後の経済的安定性や、住んでいるコミュニティ内での威信強化に繋がる。ところが年金や医療などの諸制度が整い、地縁的なコミュニティが崩壊した現代社会では、もはや子供を産むことが親の利益にならない。だから少子化が進んだというのだ。

しかし、このモデルはおかしい。

そもそも動物が子育てを行うのは、自分のためではなく、子供のためだ。

たとえば水鳥のチドリの仲間は、巣に外敵が近づくと、怪我をしたふりをして敵の目を引きつける。親である自分に敵の注意を向けることで、巣にいるヒナや卵を守るのだ。もしもチドリの親が自分の利益最大化を目指しているのなら、敵の前に身をさらすなどというリスクは冒さない。彼らは子供の利益を守るために、自分の利益をかなぐり捨ててしまう。

ヒトがチドリよりも複雑な心理を持つことは認めよう。しかし、ヒトの「心」であろうと、進化の法則から逸脱することはできないはずだ。動物の行動や心理は、自分の利益を最大化するためではなく、自分の持つ遺伝子を効率よく次世代に残すために進化してきた。誤解を恐れずに噛み砕いた言い方をすれば、子供の利益を最大化するように進化してきたはずなのだ。ヒトだけが例外だとは考えにくい。

先述のベッカーの仮説にせよ、コールドウェルの仮説にせよ、「親の利益」に注目したことが間違いの原因だった。目を向けるべきは子の利益、さらに言えば「遺伝子の利益」だ。ヒトは老後の保障のために子供を作るのではない。むしろ子供をうまく育てるために、ヒトは老後を持つように進化したと考えるほうが妥当だ。

ヒトは親からだけでなく、祖父母からも投資を受けて育つ。あなたの身近にいるおじいちゃん、おばあちゃんを思い浮かべてほしい。孫に対して、実の親以上に甘くなる人が多いのではないだろうか。孫の世話を焼くのは、ヒトが進化の過程で手に入れた心理的特性の一つだ。

さらに、同性愛者が生まれる理由を、子育てと結びつけて考える研究者もいるようだ[*21]。同性愛では子供を作れないはずだが、にもかかわらず、同性愛には遺伝性があるという。これは子供のいない「おじ」「おば」が子育てを手伝うことで、その家系の生存率が高まったからではないかというのだ。

いずれにせよ、ヒトの子供は多大な投資を受けて育つ。ヒトの大人たちは子供に投資をしたがる。自分の子供でなくても、お菓子を買い与え、おもちゃを与え、読み聞かせを行い、ときには遊園地や動物園に連れていく。子供に投資したがるのは、ヒトの習性だと言っていいだろう。子供を可愛がるのは、遺伝的にプログラムされた行動だ。

## 11 少子化のメカニズム

「子供に充分な投資をしたがること」

これがヒトの遺伝的な行動だとすれば、少子化の理由をうまく説明できる。

たとえば世帯所得が一定以下では、ヒトは結婚をためらうし、子供を作らない。なぜなら子供に充分な投資ができないからだ。反面、どんなに所得が増えても、子供を増やそうとはしない。子供の数をいたずらに増やすよりも、子供1人あたりへの投資を最大化しようとするためだ。

子供の死亡率が高い環境では、「少産」はリスクをともなう。子供が死んだときに、それまでの投資がすべて（子孫を残せないという意味で）無駄になるからだ。リスクヘッジとして複数人の子供を持つのが合理的選択になる。

一方、子供の死亡率が低い環境では、大人たちは子供1人あたりの投資を最大化しようとする。先述のとおり、ヒトの最大の武器は「文化」であり、教育を手厚くするほど生存率が高まっ

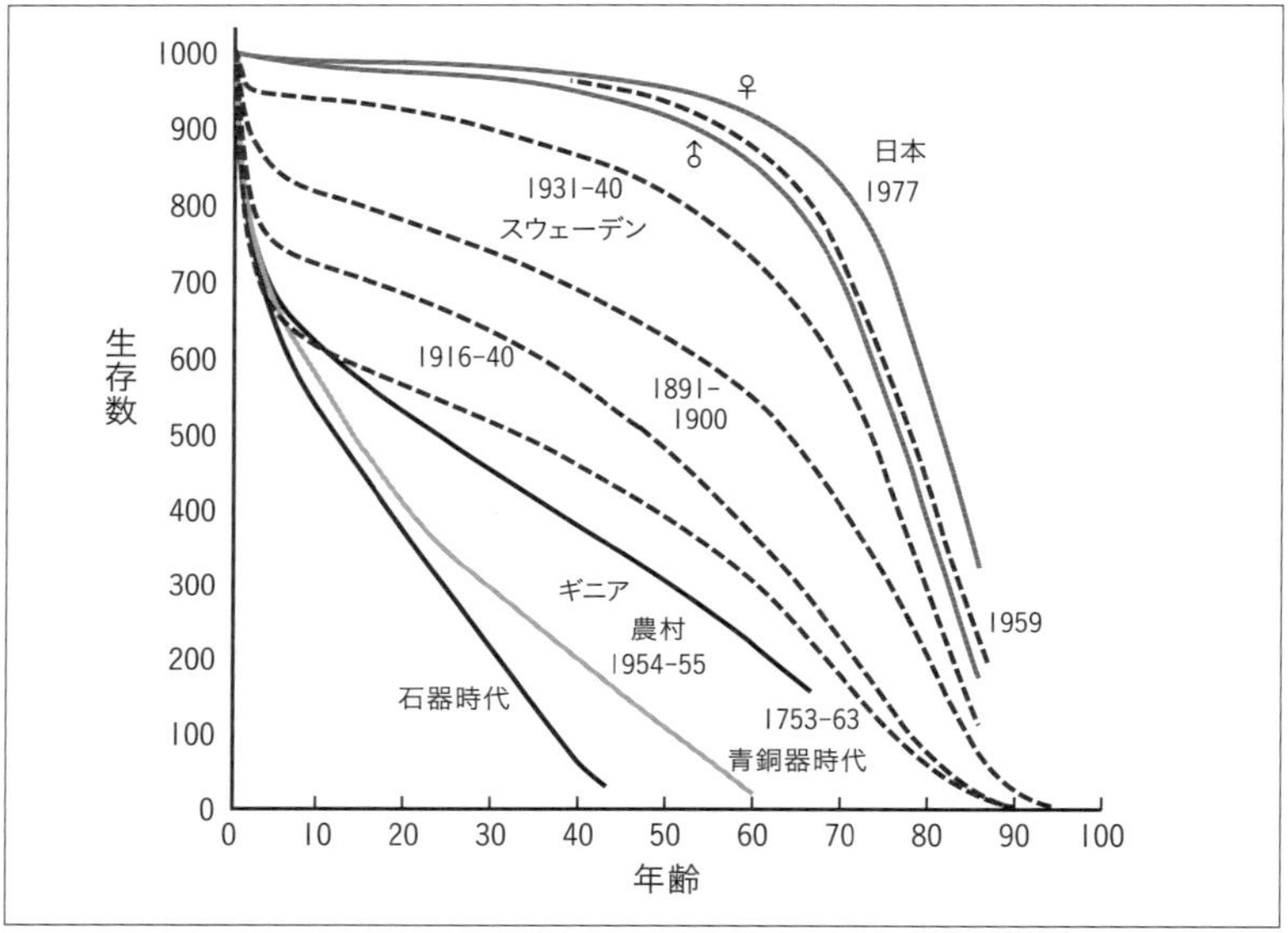

図 23　生存曲線出生者 1000 人あたりの生存者数（出典：平成 7 年版 図で見る環境白書）

たはずだ。

子供が死ななくなったのは、つい最近だ（図23）。石器時代や青銅器時代には、ヒトはどちらかといえばⅢ型に近い生存曲線を持っていた［＊22］。文明の発達にともない死亡率は低下していったが、それでも19世紀以前は、疾病や栄養失調でヒトは簡単に命を落とした。「この子はきちんと大人になれるだろうか？」という親たちの恐怖は、現在とは比べものにならないほど大きかったはずだ。

かつての親たちは、「子供に充分な投資をしたい」という習性と、「この子は死ぬかもしれない」という恐怖（リスク）との均衡する点で、出生数を決定していたのだろう。

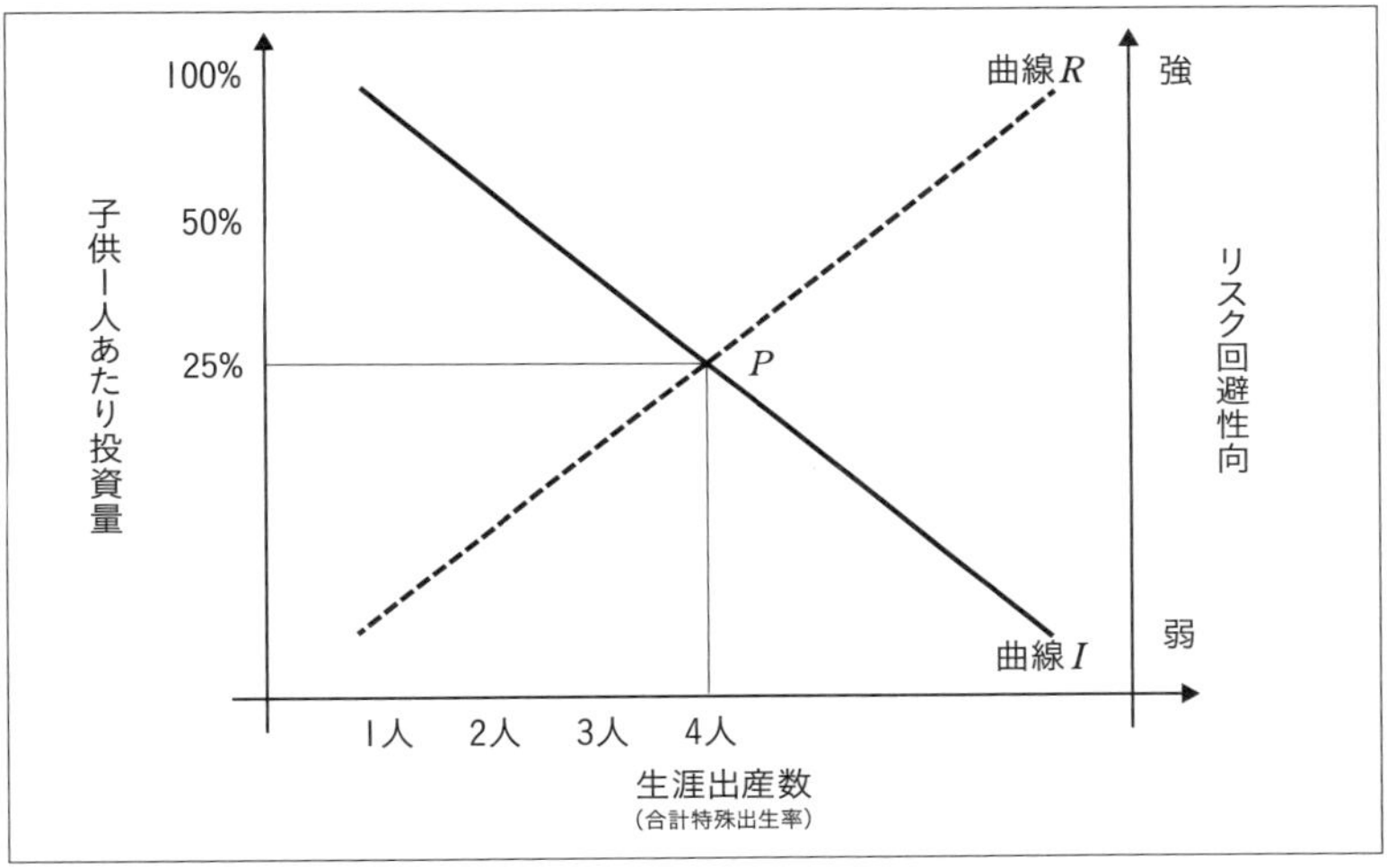


図 24 出産数決定モデル

しかし子供の死亡率が低下したことで、この均衡が崩れた。

親たちは、子供が死ぬかもしれない恐怖をほとんど感じなくなった。すると、子供1人あたりの投資を最大化したいという欲求だけが力を発揮するようになる。リスクヘッジの必要がなくなった結果、親たちはよりわずかな子供を作るようになったのだ。

これをモデル化すると、図24のグラフのようになる。

まず曲線Iは、母親が育児に使える資源すべてを100%としたときに、子供1人あたりに何%を割り振ることができるかを示している。当然、子供の数が増えれば、1人あたりの投資量は減る。したがって曲線Iは右下がりのグラフになる。

一方、曲線Rは、母親がリスク分散のた

めに産む子供の数を示している。縦軸は右側、親のリスク回避性向を取る。文明が始まる以前の、子供が簡単に命を落とした時代を思い浮かべてほしい。リスク回避性向が強い（つまり子供を失うリスクを大きく見積もる）母親ほど、リスク分散のためにたくさんの子供を産んだはずだ。したがって、曲線Rは右上がりのグラフになる。

このモデルでは、曲線Iと曲線Rの均衡する点Pで、女性1人の生涯の出産数が決まる。その社会の合計特殊出生率が決まると言い換えてもいいだろう。

ここで、母親の暮らす社会で死亡率が下がった場合を考えてみよう。栄養状態の改善や、医療技術の発達によって、子供が死にづらくなった社会だ。すると、リスク回避性向が変わらなくても（つまりリスクを恐れる気持ちが同じでも）リスク分散のために産まなければならない子供の数は少なくて済む。したがって死亡率の低下は、曲線R全体が左側にシフトすることで表現できる（図25）。

死亡率の低下により、曲線Rが曲線R'まで左側にシフトすると、曲線Iとの交点P'が新たな均衡点になる。母親はP'の水準で子供の数を決定するため、生涯の出産数は少なくなる（図26）。乳児死亡率の低下にともない、合計特殊出生率が低下するのはこのためだ。

自然法則に反したものではなく、むしろ自然環境に適応するために進化した習性が、現代社会では少子化をもたらしている。

たとえばヒトは脂肪や糖分を美味しいと感じるようにできている。効率のいいエネルギー摂

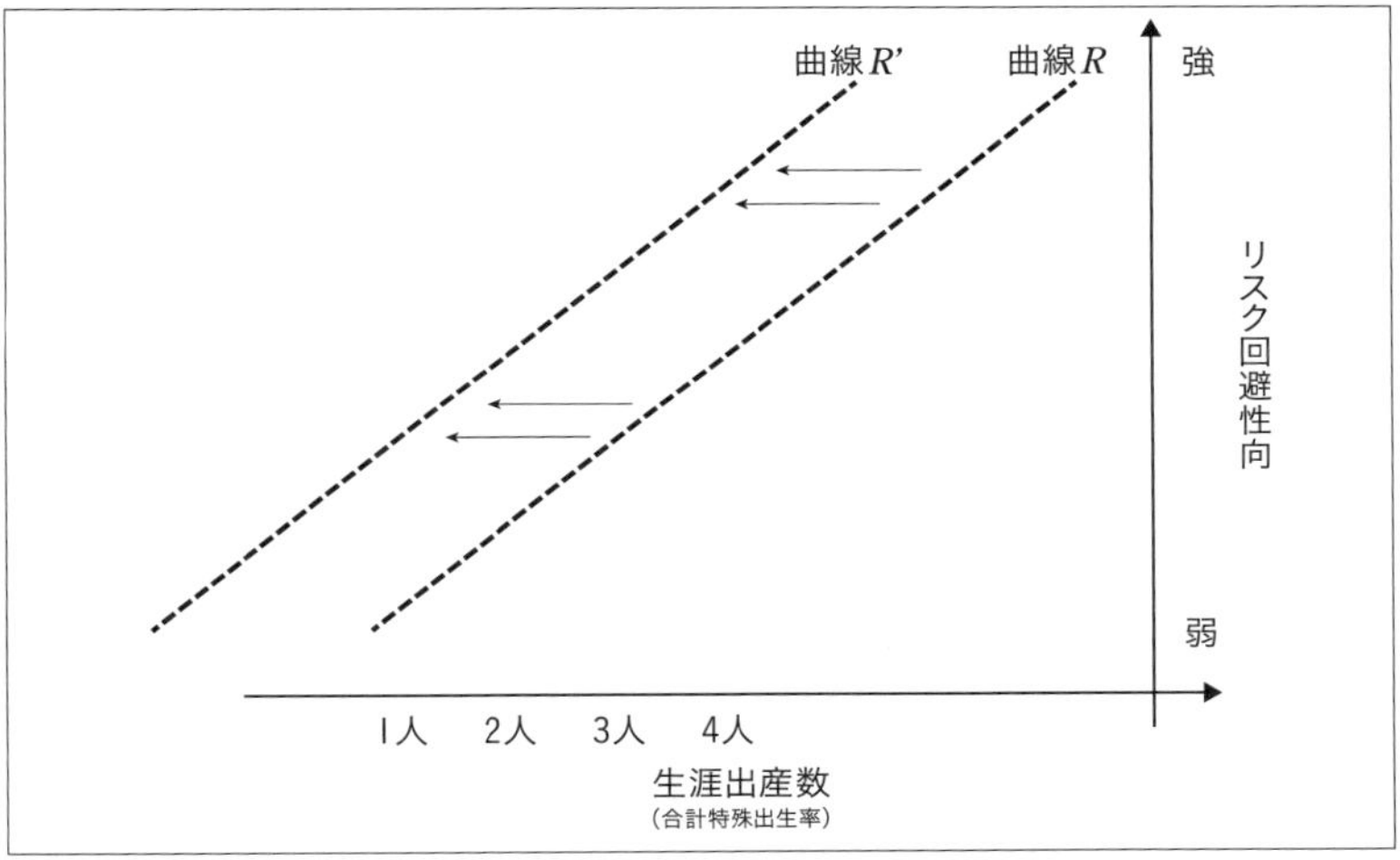


図 25　曲線 R の左側シフト

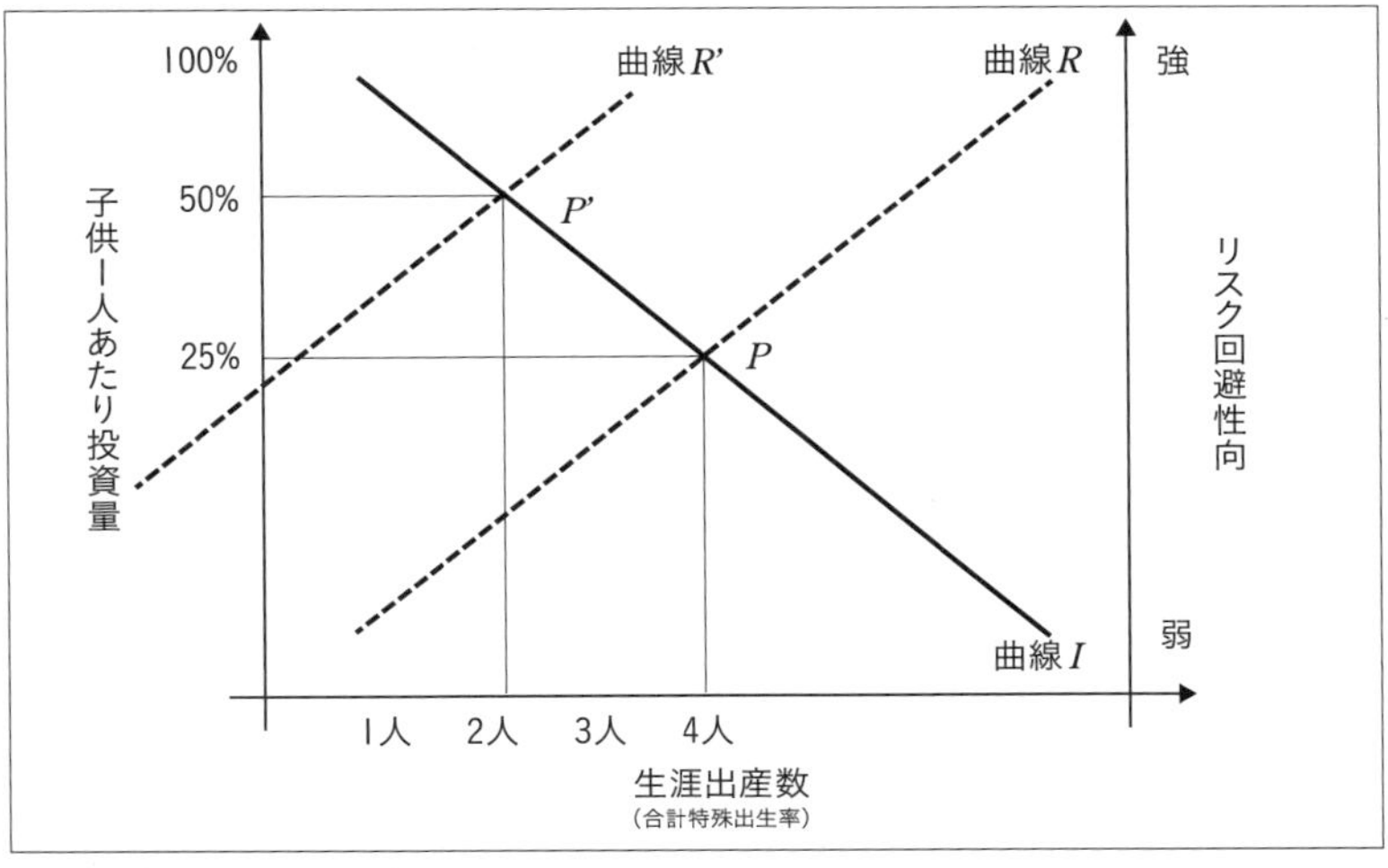


図 26　少子化のメカニズム

取のために、生物が進化させた性質だ。しかし現代社会では、自然界ではありえないほど大量の高カロリーな食品を入手できる。結果、ヒトの遺伝的な性質が、肥満と生活習慣病を引き起こしてしまう。

これは少子化に似ている。

おそらく現在の乳児死亡率は、自然界ではありえないほど低い。だからこそ、自然法則から逸脱して見えるほどの少子化が起きるのだろう。

念のため言い添えておくが、「遺伝的な性質である」ことは「克服できない」という意味ではない。男は、遺伝的に、女よりも乱暴で好戦的な性質を持っているかもしれない。しかし、だからといって暴力が許されるわけではない。ヒトは甘い食品を好む性質を持っているかもしれないが、しかしダイエットができる。肥満や生活習慣病は、原因がはっきりしているからこそ対策も立てやすい。

少子化の原因は、女性の社会進出でも、高学歴化でもない。識字率の向上ではないし、より高級な財を消費するようになったからでも、老後の保障の必要がなくなったからでもない。子供の死亡率の低下と、根本的にはヒトの生まれ持った性質が原因だ。

少子化の原因が「子供に充分な投資をしたがる」という性質なら、対策はシンプルだ。誰もが「子供に充分な投資ができる」と思えるようになれば、少子化は解消される。

## 12. 理想のパートナー

すでに1リットル以上のビールを消費していた。

「そもそも、結婚や出産に何のメリットがあるの？」

友人の飲み物はウイスキーに変わっていた。

「結婚しなければ、収入をすべて自分のものにできる。こうやって夜遅くまで飲み歩いても文句を言われないし、面倒くさい親戚問題にも関わらずに済む。今の時代に専業主婦なんてありえないから、どうせなら仕事に打ち込んだほうがマシでしょ？」

ストラスアイラをちびちびと舐めながら、彼女は続ける。

「だいいち、子供ほど高い買い物はないもの。1人育てるだけで何千万円もかかるんだから」

私は口をもごもごさせて、「そうだね」と答えることしかできなかった。


彼女の言葉は、理性的に思える。金銭面と精神面それぞれのメリットとデメリットを比較検討して、合理的な判断を下しているかのように見える。

しかし、本当にそうだろうか？　たとえば「一定期間つがいを作らなかった場合には繁殖を諦める」ような遺伝的なプログラムがないと言い切れるだろうか？

男なら、中学生のころはヤリたくてヤリたくてたまらないはずだ。女だって大多数の者は恋愛に興味を示す。つがいを作って繁殖しようとするのは、ヒトのプリセットされた行動だ。「なぜ結婚するのか」は問題ではない。問うべきは「なぜ結婚から興味を失ったのか」だ。結婚しないという判断は、ヒトの合理的な思考の結果だろうか。それとも、そのヒトを取り巻く環境のせいだろうか。ヒトのパートナー選択と繁殖行動から考えてみよう。

ヒトは一夫一妻制の動物だ。文化圏によって様々な婚姻形態が試されてきたが、生物としてのヒトは一組のつがいを作る動物の特徴を備えている。

動物のパートナー選択には、大きく四つのパターンがある。

A．乱婚制　B．一妻多夫制

C．一夫多妻制《ハーレム》　D．一夫一妻制

まず、「A．乱婚制」や「B．一妻多夫制」の動物には、巨大な精巣を持つという特徴がある。1匹のメスが複数のオスと交尾するので、精子をたくさん作れるオスでなければ子孫を残せない。したがって精巣が大きくなる方向に進化するのだ。乱婚制をとるチンパンジーの睾丸は、体重比でヒトの3～6倍、ゴリラの13倍も重い［*23］。

ヒトの睾丸は、チンパンジーほど大きくない。したがって、ヒトの身体的特徴は、乱婚制や一妻多夫制のものではない。

また、「C. 一夫多妻」の動物には、雌雄の体格差が広がるという特徴がある。ハーレムを手にするために戦うので、オスの体が巨大化する方向に進化するのだ。ゾウアザラシは典型的なハーレムを作る動物で、オスの体重はメスの7倍あるという。霊長類ではゴリラが一夫多妻制をとり、オスの体重はメスの約2倍だ。

ヒトの場合、雌雄の体格差はそこまで大きくない。男性の体重は、女性の1・2〜1・3倍程度だ。ゾウアザラシのようなハーレムを作る動物だとは考えにくく、たとえ一夫多妻制だとしても、その傾向はゆるやかだ。なお、ヒトの「ゆるやかな一夫多妻制」の傾向は現代にも残っている。日本における男性の再婚率は、女性よりも高い[＊24]。一部の男性は、生涯に複数人の女性と結婚している。

ヒトの男性が、同時に複数の女性と婚姻することはまれだ。重婚を禁じる国は多いし、フリーセックスを掲げたコミュニティはほぼすべてが失敗した。したがって、ヒトが一夫一妻制の習性を持つのは間違いないだろう。

考えてみれば当然だ。もしもヒトが一夫一妻制でないとしたら、私たちの心に「嫉妬」や「独占欲」が進化した理由を説明できない。不倫や不貞を悪とみなすのはキリスト教的な価値観の影響で、かつての日本人は性に奔放だったと考える人もいるらしい。しかし能や歌舞伎、落語には男女の愛憎をテーマにしたものが珍しくない。『平家物語』の異本『源平盛衰記』には嫉妬のすえに鬼になる女が登場する。特定の誰かをパートナーにしたいと感じるのは、文化的なものではなく、ヒトの生まれ持った感情である。

ヒトのパートナー選択の形態は分かった。では、具体的にどのようにしてパートナーを選ぶのだろう。選択権を握っているのは男女のどちらだろう？　選択基準は何だろう？

一般的に、若年層では処女よりも童貞のほうが多い。２０１４年に日本家族計画協会の行ったアンケートでは、性交渉経験がないと答えた20代男性は40％にのぼり、同世代の女性の倍だった［＊25］。また日本性教育協会の２０１１年の調査でも、性風俗店を利用できない高校生までは男性のほうがセックス体験率は低かった［＊26］。

処女が少ないのは、女性が性的に奔放だからではない。男性のほうがモテる・モテないの差が激しいからだ。一部のモテる男が複数の女と関係を持つので、結果として処女は童貞よりも少なくなる。若いころは、選ばれた男しかセックスできない。

このことから、パートナー選びの選択権を握っているのは女性側だと考えられる。もちろん、絶対的な選択権ではない。据え膳食わぬは男の恥と言うが、実際には男性も選り好みをしており、誰彼構わず関係を結ぶわけではない。しかし性交経験の有無から推測すると、女性の選択権のほうが「強い」と考えていいだろう。

ヒトのパートナー選択では、女性の好みが強く影響する。では、彼女たちは何を基準に男を選んでいるのだろう。

パートナーの選択基準について、心理学者たちは様々な調査を重ねてきた。男女どちらも、知性や頼りがい、信頼できるかどうかをパートナーに求める傾向があるという。しかし男女で差のある条件もあった。女性は相手の金銭的豊かさを、男性の2倍も強く求める傾向があるというのだ。これはアメリカなどの資本主義国に限らない。心理学者デイビッド・バスは、6大陸と五つの島に及ぶ1万人以上の男女の「パートナーに求める条件」を調査した。結果、すべての国・地域で女性は金銭的な豊かさを男性に求める傾向が見られたという［*27］。

「パートナーにカネを求める」と言うと聞こえが悪い。

しかし、「資源獲得のうまいオスを求める」と言い換えたらどうだろう。

ヒトは子供に投資をしたがる習性を持つ。そして投資には原資が必要である。

狩猟採集生活をしていたころは、狩りのうまい男性がモテただろう。足が速くて、腕っ節の強い男性だ。そういう男性はよりたくさんの獲物を集めることができ、また外敵から妻や子供を守ることができた。農耕生活に移行してからは、社会性が高く、集団のトップに登りつめやすい男性がモテただろう。そういう男をパートナーに選ばなければ、食糧や仲間の支援を得られず、子供に充分な投資を行えなかったはずだ。そして貨幣が発明されてからは、「カネを稼ぐ能力」が資源獲得のうまさを示すようになった。

一般的に言って、動物は繁殖に成功しそうな相手をパートナーに選ぶ。選択権を握っているのがメスでなくても、あるいは一夫一妻制でなくても、うまく繁殖できそうな個体をパートナーに選ぼうとする。ヒトの場合は「子供に充分な投資ができること」が繁殖成功の鍵だ。だから女性は、資源獲得のうまさを男性に求めるのだ。

現代日本では、具体的にはどれぐらいの資源があれば、子供に充分な投資ができるのだろう。端的にいえば、子育てにはいくらかかるのだろうか。

4年制大学の卒業まで子供1人を育てるには、およそ2400万円〜3000万円が必要だという[*28][*29]。子供が22歳で大学を卒業するとして、1年あたり約110万円〜140万円だ。人口維持に必須の2人の子供を育てるには、年間220万円〜280万円の追加支出が必要になる。

夫婦2人で生活するには、だいたい年間300万円はかかるだろう。したがって、子供2人を大学卒業まで育てるには約500万円〜600万円程度の世帯所得が必要だと推計できる。

この数字は「子供を持つかどうかの閾値になる所得金額」とほぼ一致する。

結婚相談所等でアンケートを行うと、相手男性の理想年収は500万円〜600万円以上という回答が多い[*30][*31]。サラリーマンの場合、年収600万円なら、手取りの所得はおよそ430万円くらいだ。妻がパートタイム等で働いて「世帯所得500万円」を達成できるギリギリのラインだ。

もちろん、すべての子供が大学に行くわけではない。日本の大学進学率は50％前後だ。したがって実際に子育てにかかる費用はもっと低く、1300万円程度である［＊32］。しかし、この金額はあまり重要ではない。なぜなら子供を作るかどうかの判断を左右するのは、子育てに実際にいくらかかるかではなく、いくらかけたいかだからだ。子供が実際に大学を卒業するかどうかは重要ではなく、将来、その子が大学に行きたいと言い出したときに、行かせられるだけの金銭的余裕を持っているかどうかが重要なのだ。

ヒトは一夫一妻制の習性を持つ。またパートナー選択の際には繁殖に成功しそうな相手を、言い換えれば、子供に充分な投資をできそうな相手を選んでいる。そして現代では、子供への投資の多寡は世帯所得に左右される。

ところが日本では女性労働力率が低く、また出産・育児の際は労働市場から退出を余儀なくされる［＊33］。日本の女性はカネを持っていないか、持っていても子育ての機会損失が大きいため、それを補うだけの所得を男性に求めるのだ。

男女の立場を逆にしても、同じことが言える。男性の所得が充分に多ければ、金銭以外のリソースを有する者をパートナーに選ぶだろう。たとえば「料理の上手さ」や「優しさ」「母性」「気配り」などである。逆に所得が少なければ、夫婦の所得を足した場合に一定額を超えるような相手を選ぶはずだ。

では、現在の日本人が「子供に充分な投資を行える」と感じる金額はいくらか？

しつこいようだが、年間所得５００万円～６００万円である。

## 13．なぜカネがないと結婚できないのか

人間は繁殖のために結婚するのではない。子供のいない夫婦は珍しくないし、子育てが終わっても結婚生活は長く続く。現代の日本で子作りだけを目的に結婚する者はいない。

しかし間違いなく、結婚はヒトの繁殖行動から発した制度だ。想像してほしい。もしも乱婚制やハーレム制の動物がヒトと同等の知的生命体に進化したとして、はたして人間のような結婚制度を作るだろうか。

狩猟採集生活のころから、ヒトの子供は莫大な投資がなければ育たなかった。この人ともっと一緒にいたい、この人に尽くしたい。そう思える相手をパートナーに選ばなければ、男女が協力して子育てをすることはできず、私たちの祖先は繁殖に失敗しただろう。血縁関係にない個体同士がお互いに協調する「結婚」という制度は、ヒトが進化の過程で成し遂げた偉業の一つだ。男女一組で新しい家族を作ることは、ヒトのつがい行動に端を発している。

だから結婚相手に「繁殖に成功しそうな異性」を求めてしまうとしても驚くには値しない。

実際に子供を作るかどうかは別として、子供ができた場合に充分な投資が行える相手と結婚し

ようとする。それができない異性には結婚相手としての魅力を感じないのだろう。

これは料理と味覚の関係に似ている。現代では、料理は栄養摂取の手段ではなくなった。高度な文化であり、芸術に近い。しかし今でも、私たちの舌は栄養価の高い食品を美味しく感じる。汗をかいたときは塩辛いものが食べたくなるし、疲れているときは甘いものが欲しくなる。たとえ高血圧や虫歯に悩んでいたとしても、だ。

同様に、ヒトは「繁殖に成功しそうな異性」でないと、結婚相手としての魅力を感じにくいのだろう。とくに日本は婚外子が少ない国［＊34］であり、結婚と出産とが強く結びついている。一時的な恋愛の相手ならともかく、結婚相手を選ぶときには「その人となら子育てに成功できそうか」を重視してしまうはずだ。

非婚化・晩婚化が少子化をもたらすという。たしかに冒頭のグラフで分かるとおり、子供のいない低所得層では単身世帯も多い。

では、非婚化・晩婚化の理由は何か？

所得があまりにも低く、子供に充分な投資ができそうな魅力的な相手と出会えないからだ。内閣府の意識調査では、未婚の男女のどちらも、結婚を決心する条件として「経済的余裕ができたら」をあげている［＊35］。今の日本人はカネがないから結婚しないし、カネがないから子供を作らないのだ。

若者はカネがないから結婚しない——。

この事実を飲み込めない人がいるようだ。昔はカネがなくても結婚したし、カネがなくても子供を産んだ。だからカネが結婚の足かせになるという発想が、どうしても直観に反するのだろう。かてて加えて、結婚はカネのためにするのではない、繁殖のためにするのでもないという教条が、ますます彼らの目を曇らせる。

では、カネがなくても結婚した「昔」とはいつだろう。団塊の世代が生まれた1950年代にせよ、第二次ベビーブームが起きた1970年代にせよ、現在とはあまりにも時代が違う。たとえばドル円の為替レートは1950年代には360円の固定相場制で、対外直接投資はほとんどゼロだった。1970年代に入っても300円台〜200円台後半で、現在に比べれば圧倒的な円安だった[*36]。何が言いたいかといえば、日本の人件費が高いから海外に生産拠点を移すなどということが起きない時代だったのだ。むしろ日本人が、安い人件費を武器に世界の工場としてモノを作っていた。

この時代の日本人は、子育てにカネをかけなくても食いっぱぐれなかった。男女ともに大学進学率は現在より低かった。だからカネがなくても子供が作れたし、結婚できた。

時代が進むと、技術革新によって低スキルな職業は一掃される。代わりに、より高度な能力を要する職業が生まれる。親世代と同じ所得水準を維持するためには、子供は親よりも高度な教育を受ける必要がある。第1章にも書いた「教育と技術の競争」だ[*37]。現代の日本のように技術革新が急速に進む社会では、親と同程度の教育しか受けなかった子供は貧困に沈まざるをえなくなる。

子供に貧乏になってほしいと願う親はいない。だから今の日本では、カネがないと子供を作れない。子供に充分な投資ができなければ、結婚相手としての魅力を感じにくい。だから若者は、カネがないと結婚できないのだ。

勘違いしてほしくないのだが、私はカネだけが男女関係を決めると言いたいのではない。人間性や相性のほうがはるかに重要だし、ただの恋愛においては、カネはあまり決定的な要素ではない。しかし、いざ結婚となると、とたんにカネが意味を持ち始める。少なくともデイヴィッド・M・バスの調査結果や、一定以下の所得階層で単身者が増えるというデータは、そのことを示唆している。

たしかにカネがなくても、愛さえあれば結婚できるだろう。

しかし哀しいかな、今の日本ではカネがないと愛が生まれないのだ。

## 14 心理的去勢

では、いつまでも魅力的な相手と出会えないと何が起きるだろう。

つがいを作って繁殖するのは、ヒトのデフォルトの選好だ。この選好が変化してしまうのはなぜだろう。「結婚しない」という判断に、進化上の合理性はあるだろうか。

驚くべきことに、社会性の高い動物ではしばしば「心理的去勢」が起きるという。メスと交尾する機会を失い続けたオスは、交尾そのものから興味を失ってしまうらしい。たとえば群れのなかで順位が低く交尾できない雄ヤギは、メスとの肉体的な接触があっても、性的不能になる場合があるという〔＊38〕〔＊39〕。

たとえば、オキシトシンという脳内物質がある。哺乳類のつがい行動に作用する物質で、どうやら信頼や愛着の感情を抱かせる作用があるらしい〔＊40〕。まだ未発見のものも含めて、感情を制御する脳内物質は他にもたくさんあるだろう。性欲をコントロールしている物質もあるはずだ。このような脳内物質の働きが抑制されれば、他個体への興味や性欲を失い、性的不能になる可能性はある。おそらくこれが「心理的去勢」のメカニズムだ。

同様のメカニズムがヒトの脳内で働くとしても、まったく不思議はない。

仮説はこうだ。

狩猟採集生活をしていた時代、人類は小規模な血縁集団で生活していた。この時代、いつまでも適切な相手と出会えない個体は、不適切な相手と関係を結ぼうとする場合もあっただろう。不適切な相手とは、親や兄弟姉妹、すでに特定のパートナーを持っている個体だ。つまり近親相姦や不貞を働く可能性が高まるのだ。

近親交配は遺伝的リスクをともなう。また不貞による人間関係の混乱も、小規模な血縁集団にとっては深刻だ。いつまでも適切な相手と出会えない場合には、「パートナーを得たい」という欲求を失ったほうが適応的かもしれない。不適切な相手と関係を結ぶよりも、血縁者の子育てを手伝うほうが、効率よく遺伝子を残せるかもしれない。

ヒトが「一定期間つがいを作らなかった場合には繁殖を諦める」ようにプログラムされている可能性は否定できない。いつか適切な相手とめぐり会うまで、一時的に「パートナーを得たい」という欲求が休止するのではないだろうか。

ひるがえって、現代の日本はどうだろう。結婚・出産の分水嶺になるのは年間所得500万円だが、40歳未満の7割の世帯がそれ以下の金額で暮らしている。結婚したくなるような「適切な相手」と出会う可能性は低い。

つまり今の日本では、多くの人が適切な相手と出会うことができず、「心理的去勢」に陥っているのではないだろうか。思春期にはほぼ例外なくつがいの形成と繁殖を求めていたにもかかわらず、パートナー獲得の意欲を失ってしまうのだ。「結婚しない」という判断は、理性や精神性のたまものではなく、ヒトの遺伝的にプログラムされた行動かもしれない。

晩婚化や非婚化の原因を、価値観の変化に求める人がいる。しかし「心理的去勢」が哺乳類に起こりうることを鑑みれば、原因と結果が逆だろう。結婚観や価値観が変わったから、結婚しなくなったのではない。結婚できなくなったから、価値観が変わってしまったのだ。価値観の変化は、晩婚化・非婚化の原因ではないし、少子化の原因だとは考えられない。

## 15. 仕事のほうが大切？

今は自己実現のほうが大切だから、まだ結婚や子育ては考えられない――。

現在の日本には、そういう人が多い。職場でもっと評価されたい。もっと大きな仕事を任されるようになりたい。自分の創作物を、もっとたくさんの人に楽しんでもらいたい。どこにでもいる凡人ではなく、**何者かになりたい。**そんな自己実現の欲求から、結婚や子育てをためらう人は珍しくない。

自己実現を結婚出産よりも優先する人は、大きく三つのパターンに分けられる。

まず、現時点での所得水準が低いために、その向上を目指している人。次に、世間的な尺度から言って充分な所得を得ているにもかかわらず、さらに「上」を目指している人。最後に、所得水準は低いままでも構わないが、自分のやりたいことを追求したい人だ。

所得水準の低い人が結婚・出産をためらう理由は、すでに考察した。子供に充分な投資ができると思える所得水準に達していないため、配偶者を持ちたい、子供を作りたいという欲求のスイッチが入らなくなっている可能性がある。

不思議なのは、残り二つのパターンだ。

すでに高所得を受け取っているにもかかわらず、さらに「上」を目指している人がいる。職場や業界内での評価を高くしたい。経営に関与したい。役員会での権限を拡大したい。そういう自己実現の欲求を優先するため、結婚・出産を後回しにする人は珍しくない。男性にはこのタイプが非常に多いはずだ。

また、所得増加を望まない自己実現もありうる。芸能や創作活動に力を注ぐ人に多いと思われるが、自分の発表物がたくさんの人の目に触れて、評価されることを第一の目標とする人だ。その結果として所得が増えるかどうかは、あまり問題にしない。そういう自己実現もありうる。

このように自己実現を最優先課題とする人々の存在は、一見すると不思議だ。たとえば、ただ一日中テレビゲームで遊んでいられれば充分で、何かを成し遂げたいわけではない、波風の立たない日常を維持できればいい。そういう欲求であれば「心理的去勢」で説明できる。しかし彼らの場合、成し遂げたい「何か」を明確に持っているのだ。

すでに高所得なのに、さらに上を目指す人。そもそも所得増加を望まない人——。

こうした人々の存在は、この記事で紹介した「少子化メカニズム」への強力な反証のように思える。結婚や出産を望むかどうかが所得水準に依存するのなら、こんな人は現れないはずではないか?

しかし、よく考えてみれば、彼らの存在は反証にはならない。むしろ堅牢な証拠として、少子化メカニズムの仮説を補強してくれる。

先述の少子化メカニズムの要点は、「ヒトは子供1人あたりの投資量を最大化しようとする習性があること」だ。現代社会では資源配分が金銭を通じて行われるため、金銭の獲得量が、そのまま子供への投資量に影響する。しかし人類の歴史をふり返れば、金銭が力を持つようになったのはつい最近だ。古代ギリシャで貨幣が使われるようになったのは紀元前6世紀初頭だという［＊41］。金銭には数千年の歴史しかない。ホモ・サピエンスは貨幣を発明するまでの20万年間、別の方法で資源の分配を行っていた。

その別の方法とは、集団内での地位だ。属するコミュニティのなかでどのような立場にあるか。属している社会のなかで、どのような評価を受けているか。カネが存在しない世界では、所属する社会のなかで**何者かになること**が、資源分配の多寡を左右していた。

集団内で指導的な立場につけば、そのぶん多量の資源を受け取れる可能性がある。狩りの獲物を分け合うときに、優先的にいい肉を受け取れるかもしれない。自分の子供の世話を、仲間たちに任せられるようになるかもしれない。一方、嫌われ者になってしまえば、資源の配分を受けるどころか、集団から追放されてしまうかもしれない。

したがって、子供に充分な投資ができるかどうかを、金銭的な所得ではなく、他者からの評価で判断しているヒトがいてもおかしくない。教育と技術の競争によって、現代日本では子育てに必要な投資が増え続けている。所得よりも他者からの評価を重視する人の場合、より高い評価を得なければ安心して子供を持てないことになる。その結果、他者からの評価が不充分だから——自己実現を果たしていないから、結婚・出産に興味を持てないという人が生まれる。

以上が、ホモ・サピエンスに繁殖よりも自己実現を優先する個体がいる理由だ。

ヒトの心理状態には、特定の条件を満たさないとスイッチの入らないものがある。そしてスイッチが入るまでは、その心理状態がどのようなものであるか想像することさえ難しい。たとえば性的欲求がそれにあたる。第二次性徴以前の幼児も異性の体に興味を抱くが、それは思春期以降に芽生える性的欲求とは別種のものだ。幼いころを思い出してほしい。当時のあなたは、将来、自分が抱く性的欲求を想像できただろうか。15歳での初恋や、20歳のころの恋愛を、5歳のころのあなたは生々しく思い描くことができただろうか。

たんなる恋愛感情ではない、結婚したい欲求。子育てをしたい欲求。これらの欲求は、特定の条件を満たさないとスイッチが入らない可能性がある。もしも今のあなたがこれらの欲求を持っていないとしたら、欲求が発現するのに必要な条件を満たしていないのかもしれない。

## 16. 結婚しないヒトの遺伝子

今までの話をおさらいしよう。

まず、女性の社会進出や高学歴化は少子化の原因ではない。日本で合計特殊出生率が急落したのは1949〜59年の約10年間だが、その期間に女性の労働力率や進学率が跳ね上がったという事実はない。むしろ、それらは合計特殊出生率が低下した後に起きている。女性が働くようになったから少子化が進んだのではなく、現実は逆だ。子供をたくさん産まなくて済むようになったからこそ、結婚を遅らせることが可能になり、より上級の学校へと進学することが可能になった。子供が減ったぶん、子育て以外に充てる時間が増えて、それが女性の社会進出につながったのだと考えられる。

識字率の向上は、20世紀後半以降における少子化とは関係ない。現代の少子化は、日本やモンゴル、タイ、ベトナムのような、もともと識字率の高い国で起きた。日本は明治後半には女児の尋常小学校進学率が9割を超えていた。もしも識字率が少子化をもたらすとしたら、合計特殊出生率の急落は現実よりも50年早く起きていたはずだ。識字率上昇から少子化傾向が始まるまでに2世代以上もタイムラグが生じた理由を説明できない。

ゲーリー・ベッカーらの仮説は、少子化の原因を説明する有力な仮説とされている。しかし20世紀後半に少子化を経験したアジア諸国には当てはまらない。この仮説によれば、経済的に豊かになると、人々は子供よりも時間のかからない財を消費するようになるという。もしもこの説が正しいとすれば、まず所得が増加し、それを追って合計特殊出生率が減少するはずだ。ところが、実際の順序は逆だった。日本をはじめ、大半の国ではまず少子化傾向が進行し、それを追って1人あたりGDPが伸びるという推移を見せた。

低賃金の社会では、機械設備に投資するよりも、人間を雇うほうが利益を出しやすい。結果として、その社会はいつまでも労働集約的な産業から抜け出せず、先進国のように資本集約的な工業を発展させられなくなる[*42]。

ところが子供の数が減ると、子供1人あたりに割かれる教育費は増え、教育水準の高い人々が労働市場に供給されるようになる。それが賃金水準の増大と、産業の資本集約化につながった可能性は否定できない。経済的な豊かさが子供の数を減らしたのではない。子供の数が減ったからこそ、爆発的な経済発展が可能になったのではないだろうか。そう考えるほうが、戦後の日本の状況をうまく説明できる。

現代の少子化は、国や地域を越えて世界規模で起きている。文化、宗教、言語、経済体制や政治情勢のバラバラな国々で、一斉に出生率が低下している。この現象を説明できる唯一の要因は、死亡率の低下だ。アジア諸国の少子化と乳児死亡率の推移を見ると、多くの国でこの仮説どおりの現象が起きていた。すなわち、まず乳児死亡率が低下し、同時もしくはそれを追うように合計特殊出生率が減少していた。

今回の論考で私が使ったのは、乳児死亡率のデータだ。これは生まれて1年以内に死んだ子供の割合を示す。一方、5歳未満児死亡率にも豊富な統計データがあるので、それらを利用した追試が必要だろう。また、調査対象は14〜17ヵ国だ。対象国をさらに広げるべきだろう。

たとえばアメリカでは1950〜70年代にかけて、合計特殊出生率が戦前よりも高い水準で推移する時期があった[*43]。終戦後に帰国した兵士たちが子作りに励んだためだと説明される場合が多いが、なぜ日本のように出産抑制が行われなかったのだろう。考えられる仮説の一つは、アメリカでは1973年に「ロー対ウェイド事件」の判決が出るまで、妊娠中絶が違法だったことだ。日本においては、戦後しばらくは（避妊ではなく）中絶によって出産数の調整が行われていたことがうかがえる。アメリカでは中絶が違法だったために、出産数の調整ができなかったのかもしれない。いずれにせよ、今回扱わなかった欧米諸国の少子化の状況についても調べる必要がある。

死亡率が下がると出生数も減少する――。

一見すると奇妙な現象に思えるが、ヒトの進化心理学的な特性を考えれば疑問は氷解する。その特性とは、「子供に充分な投資をしたがること」だ。この特性を考慮すれば、少子化のメカニズムは図26（171頁）のグラフ1枚に要約できる。

親が子供に与えられる資源を100％としたとき、子供1人あたりに割り振ることができる投資量は曲線Iで表現できる。子供が増えるほど1人あたりの投資量は減るので、曲線Iは右下がりのグラフになる。一方、リスク回避性向の強い親ほど、リスク分散のためにたくさんの子供を産む。曲線Rは親のリスク回避性向と子供の数を示しており、右上がりのグラフになる。ヒトの親は二つの曲線が交わる均衡点Pで、生涯の出産数を決定しているはずだ。

栄養状態の向上や医療の発展で死亡率が下がると、親たちのリスク回避性向が変わらなくても、リスク分散のために出産する子供の数は少なくて済む。このことは、曲線Rが左側にシフトすることで表現できる。すると、新たな均衡点P'で親たちは出産数を決定するようになる。以上が、死亡率の低下によって少子化がもたらされるメカニズムだ。

このモデルは幅広い時代・地域での少子化現象を説明できるものだと私は期待している。18〜19世紀のヨーロッパで起きた（現代に比べれば）軽微な少子化や、第三世界の国々で出生率が下がらない理由なども、おそらくこのモデルで説明できるだろう。

ただし、あまりにも簡易なモデルであることも否めない。このモデルの弱点は、母親1人が一生に使える育児資源の総量を把握しており、なおかつ生涯で産む子供の数を、たった1回の判断で決めるというモデルだということだ。現実の女性が経験する出産数の決定過程と比較すると、あまりにも簡易化しすぎているかもしれない。

たとえば、現在の日本では「年の離れた3人目」がしばしば見られる。1人目、2人目の子供が中高生ぐらいになったときに、思いがけず3人目を身ごもった。家計を顧みれば、3人目をなんとか育てる余裕はありそうだ——。20代のころは2人しか産まないつもりだった女性でも、こういう状況下では3人目の出産を決断する場合がある。彼女は、自分が生涯に利用できる育児資源の総量を、20代の時点では知らなかったことになる。子供が大きくなった30代後半で、想定よりも豊かな育児資源を利用できるとようやく気づいたわけだ。

より精緻な出産数決定モデルを作るなら、彼女が経験したような決定過程をなぞるものが望ましい。子供がいない状態での1人目を産むかどうかの判断。1人を育てている最中に2人目を作るかどうかの判断。そして2人目の子育て中に、3人目を産むかどうか。4人目、5人目も同様だ。なかなか複雑なモデルになりそうだ。

現在の日本では、夫婦が子供を作らなくなっているわけではない。むしろ、晩婚化・非婚化の進行が少子化をもたらしている。どうやら日本では婚外子への蔑視がいまだに残っているらしく、結婚と出産が強い相関を持っている。

なぜ、日本の若者は結婚しなくなったのだろう。

価値観の変化を理由にあげる人は珍しくないが、そのような変化が起きた原因は何だろう。今回の記事では進化心理学的な観点から、ヒトの個体が結婚と子作りを諦める要因を三つ考察した。まずは「教育と技術の競争」により、子供に充分な投資ができると感じられる所得水準が高騰していること。そして、豊かな資源を持つ理想のパートナーと出会えないために、心理的去勢が生じる可能性。さらに、他者からの評価を求めるがゆえに自己実現を優先してしまう可能性だ。

くどいようだが現代の日本では、子供を産みたくなる年間所得の閾値は500万円だ。世帯ごとの子供の有無。子供がいる世帯において一人っ子かどうか。子供1人を四年制大学卒業まで育てるのに必要な金額。そして内閣府の意識調査で、若者たちが結婚を決意する条件に経済的余裕を上げていること。これらの状況証拠を並べてなお、結婚とカネは無関係だと言い切れるだろうか。間違いなく、現代の日本では結婚はカネの問題だ。そして晩婚化・非婚化が少子化につながるのなら、日本の少子高齢化はカネの問題だと言い切れる。

少子化の原因が「子供に充分な投資をしたがる」という性質なら、対策はシンプルだ。誰もが「子供に充分な投資ができる」と思えるようになれば、少子化は解消される。第1章に書いたことを繰り返そう。育児・教育の負担を減らすこと。そして、若年層の世帯所得を引き上げること。この二つが、少子高齢化を止める処方箋だ。

日本は、子供が産まれてから独り立ちするまで、あらゆる面でハイコストだ。子供の医療費や教育費はできるかぎり引き下げるべきだ。また、若年層の世帯所得を引き上げるもっとも簡単な方法は、女性の雇用状況を改善することだ。夫婦2人が定職についていれば、20代で世帯所得500万円を達成することも現実的になる。女性労働力の活用と出産・育児が機会損失にならない仕組みの構築は、少子化対策の特効薬になりうる。

**結局、終電がなくなるまで飲んだ。仕事の話、趣味の話、友人の話。とりとめのない話題で飲み明かした。**

**「あたし、ペットでも飼おうかなって思ってるんだ」**

**店を出たあと、彼女は言った。タクシー乗り場まで見送りながら私は答えた。**

**「ペット?」**

「たとえばネコとか、うさぎとか……。金魚でもいいや。あたしがいないと生きていけない、あたしを絶対的に必要としている——。そういう存在が家で待っていてくれるのって、悪くないでしょ？」

私たちの祖先は、絶え間なく子孫を作り続けてきた。今の私たちがいるのは、その結果だ。結婚や子育てはありふれた、ごく普通のことだったはずだ。

普通のことが普通にできることを、しあわせと呼ぶのではないだろうか。

（2014.10.13）

【参考文献】

＊参考文献に加え、左記三つのデータベースの情報を利用した。

■フローニンゲン大学ＧＧＤＣマディソン・プロジェクトデータベース

※１人あたりＧＤＰ（購買力平価）のデータ

http://www.ggdc.net/maddison/maddison-project/data.htm

■世界銀行・合計特殊出生率データベース

http://data.worldbank.org/indicator/SP.DYN.TFRT.IN

■国際通貨基金（ＩＭＦ）経済統計データベース

http://www.imf.org/external/pubs/ft/weo/2015/01/weodata/index.aspx

［＊１］平成24年就業構造基本調査（全国編）世帯単位で見た統計表（表２１２、２４１を使用）
http://www.e-stat.go.jp/SG1/estat/GL08020103.do?_toGL08020103_&tclassID=000001048179&cycleCode=0&requestSender=search
［＊２］平成17年国民生活白書「子育て世代の意識と生活」
http://www5.cao.go.jp/seikatsu/whitepaper/h17/01_honpen/html/hm02010006.html
［＊３］第14回出生動向基本調査（結婚と出産に関する全国調査）―第Ⅰ報告書―わが国夫婦の結婚過程と出生力 (pdf) (38.8MB)
http://www.ipss.go.jp/syoushika/bunken/data/pdf/207616.pdf
［＊４］結婚・育児の経済コストと出生力―少子化の経済学的要因に関する一考察―
http://www.ipss.go.jp/syoushika/bunken/data/pdf/15648401.pdf
［＊５］厚生労働省・合計特殊出生率の推移（1925, 1930, 1937-1940, 1947-2012）―女性と男性に関する統計データベース (xls)
http://winet.nwec.jp/toukei/save/xls/L100120.xls
［＊６］平成９年国民生活白書「働く女性 新しい社会システムを求めて」
http://www5.cao.go.jp/seikatsu/whitepaper/h9/wp-pl97-01102.html
［＊７］内閣府男女共同参画局・ＯＥＣＤ加盟24か国における女性労働力率と合計特殊出生率
http://www.gender.go.jp/about_danjo/whitepaper/h18/web/danjyo/html/zuhyo/fig01_03_08.html
［＊８］朝日新聞グローブ（GLOBE）―結婚、アジアの選択 Marriage Pressure in East Asia―日本、非婚化の先に起こるのは
http://globe.asahi.com/feature/100125/04_2.html
［＊９］ロバート・C・アレン『なぜ豊かな国と貧しい国が生まれたのか』ＮＴＴ出版
［＊10］斉藤泰雄「識字能力・識字率の歴史的推移――日本の経験」広島大学教育開発国際協力研究センター「国際教育協力論集」第15巻１号
http://home.hiroshima-u.ac.jp/cice/wp-content/uploads/2014/02/15-1-04.pdf

［＊11］国立社会保障・人口問題研究所「人口統計資料集２０１４」人工妊娠中絶数および不妊手術数：１９４９〜２０１２年
http://www.ipss.go.jp/syoushika/tohkei/Data/Popular2014/T04-20.htm
［＊12］河野稠果『人口学への招待―少子・高齢化はどこまで解明されたか』中公新書 p.188
［＊13］グレゴリー・クラーク、久保恵美子訳『10万年の世界経済史』日経ＢＰ社 下巻 p.155-156
［＊14］河野稠果 p.119-120
［＊15］厚生労働省・性別乳児死亡数及び死亡率の推移（１９００〜２０１３）―女性と男性に関する統計データベース (xls)
http://winet.nwec.jp/toukei/save/xls/L100240.xls
［＊16］国立保健医療科学院「わが国の乳児死亡率低下に医療技術が果たした役割について」(pdf)
http://www.niph.go.jp/journal/data/45-3/199645030011.pdf
［＊17］内閣府男女共同参画局・少子化と男女共同参画に関する専門調査会・女性労働力率と合計特殊出生率 (pdf)
http://www.gender.go.jp/kaigi/senmon/syosika/houkoku/pdf/honbun1.pdf
［＊18］グレゴリー・クラーク 上巻 p.158
［＊19］デイヴィッド・M・バス『女と男のだましあい』草思社 p.314
［＊20］河野稠果 p.128
［＊21］マット・リドレー 中村桂子、斉藤隆央訳『やわらかな遺伝子』紀伊國屋書店 p.317
［＊22］平成７年版 図で見る環境白書
https://www.env.go.jp/policy/hakusyo/zu/eav24/eav240000000000.html
［＊23］ADVANCES IN THE STUDY OF BEHAVIOR, 9th Edition. p.137,p.144
http://books.google.co.jp/books?hl=ja&lr=&id=X-AkAk9yW_sC&oi=fnd&pg=PA131&dq=Testis+weight+human+chimpanzee+gorilla&ots=tNT58dFz6q&sig=QVg_l5Wy_oPuU4Rx9AMbb36vW-Y#v=onepage&q=Testis%20weight%20human%20chimpanzee%20gorilla&f=false
［＊24］人口統計資料（２０１４）表６-６ 性、年齢（５歳階級）別再婚率：1930〜2012年

http://www.ipss.go.jp/syoushika/tohkei/Popular/P_Detail2014.asp?fname=T06-06.htm&title1=%87Y%81D%8C%8B%8D%A5%81E%97%A3%8D%A5%81E%94z%8B%F4%8A%D6%8CW%95%CA%90I%8C%FB&title2=%95%5C%82U%81%7C%82U+%90%AB%81C%94N%97%EE%81i%82T%8D%CE%8AK%8B%89%81j%95%CA%8D%C4%8D%A5%97%A6%81F1930%81%602012%94N
[＊25] 20代男性の40％が性交渉なし　家族計画協会のアンケート
http://www.47news.jp/CN/201401/CN2014012001002336.html
[＊26] 若者のセックス体験率の推移（日本性教育協会）
http://www2.ttcn.ne.jp/honkawa/2460.html
[＊27] デイヴィッド・M・バス p.50
[＊28] 子どもを育て上げるのに２４００万円
http://allabout.co.jp/gm/gc/10708/
[＊29] 子供を育て上げるのに３０００万円!?
http://allabout.co.jp/gm/gc/10863/
[＊30] 結婚相手の年収、いくらが理想的？
http://konkatsu-ex.jp/nenshu
[＊31] 男性必見！結婚相手に求める理想年収を大解剖！
http://type.jp/s/nenshu/vol008.html
[＊32] 一人の子どもにかける費用はおよそ１３００万円（平成17年度版国民生活白書）
[＊33] 年齢階級別女性労働力率（２０１０）
http://www.jil.go.jp/kokunai/statistics/databook/2012/02/p053_2-5.pdf
[＊34] 世界各国の婚外子割合
http://www2.ttcn.ne.jp/honkawa/1520.html

［＊35］【少子化】未婚・晩婚化の原因、未婚男性の5割が「経済的に余裕がない」内閣府調査で浮き彫り
http://www.huffingtonpost.jp/2014/05/01/nakakufu_n_5244767.html
［＊36］日本の対外直接投資推移
http://www.meti.go.jp/statistics/tyo/kaigaizi/result/result_8/h2c405bj.html
［＊37］トマ・ピケティ『21世紀の資本』みすず書房 p.317
［＊38］バーバラ・N・ホロウィッツ、キャスリン・バウアーズ 土屋晶子訳『人間と動物の病気を一緒にみる』インターシフト p.116
［＊39］Edward O. Price, "Sexual Behavior of Large Domestic Farm.Animals: An Overview," Journal of Animal Science 61 (1985): pp. 62–72
［＊40］マット・リドレー p.61
［＊41］フェリックス・マーティン 遠藤真美訳『21世紀の貨幣論』東洋経済新報社 p.90
［＊42］ロバート・C・アレン p.151
［＊43］The US Population Is Aging, Urban institute.
http://www.urban.org/policy-centers/cross-center-initiatives/program-retirement-policy/projects/data-warehouse/what-future-holds/us-population-aging

# 第4章

# 「ググレカス」が世界を変える

# ネットでは「誰が言ったか」よりも「何を言ったか」――匿名主義の信条

ブログを始めたとき、匿名で行こうと心に決めた。

経歴も肩書きも秘密のまま、どこまで行けるか試すことにした。理由は二つある。まず、ブログは共感と代弁のメディアだからだ。そして、ネットでは「誰が言ったか」よりも「何を言ったか」が大切だと信じているからだ。

この二つの信条を証明したくて、私は匿名で書き続けている。

＊＊＊

ブログの面白さは、自分によく似た他人と出会うことにある。

「自分の思っていることを言葉にしてくれる人がいた！」

「自分のモヤモヤをズバッと説明してくれる人がいた！」

そういう書き手に出会うことが、ブログを読むときの喜びだ。だからブログの書き手は、余計な経歴など明かさないほうがいい。どこの誰とも分からない無色透明な存在でいたほうがいい。読者は自分の望む「書き手像」を自由に想像できるからだ。

たとえば年収150万円の生き方を推奨する人が、推定年収500万円であることをどう考えるのか。ニートとして生きようと訴える人が、一流大学卒の脳みその持ち主だということをどう考えるのか。大企業など捨てろと若者に発破をかける書き手が、マッキンゼーのOGであることをどう考えるのか。

脱社畜を訴えるブロガーが、東大卒・起業経験ありの人材だと分かったとき、少なくない読者が落胆したはずだ。「この人が脱社畜を訴えるのは結局、社畜以外の生き方もできるほど優秀な人だっただけでしょう」と。二流、三流大学卒業の読者はハシゴを外されたような気分になったはずだ。

ブログの書き手が背景を明かした瞬間、その人は読者の代弁者ではなくなる。読者の私とは違う、ほかの誰かになってしまう。「私の想いを言葉にしてくれた」という感動も薄れてしまう。そうなったらブログとしてはおしまいだ。もはや「誰が言ったか」を求める読者しか集まらなくなる。共感のメディアとしてのブログの魅力を捨てて、週刊誌のゴシップと同じになってしまう。

匿名である限り、読者は自由な「書き手像」をイメージできる。良かれ悪しかれ、こうであってほしいと思う「Rootport」の姿を想像できる。だからRootportの書いたものに共感を覚えたとき、スターを付けてくれるのではないか。「私の言いたいのはつまりこういうことだ」とRTしてくれるのでは。イイネ！を押して、ブックマークに加えてくれるのでは。心のポートを開放してくれるのではないか。Rootportが、どこの誰でもない匿名の存在だからだ。読者の「私」との違いが、不明瞭だからだ。

＊＊＊

なんの背景もない人間。なんの権威付けもない人間。そういう無色透明な人間として文章を書くことで、私は証明したい。ネットでは「誰が言ったか」よりも「何を言ったか」のほうが大切であることを。本物のテキストコンテンツのちからを、示してやりたい、挑戦したい。

フェイスブックを開いてみろ。

ツイッターのプロフィール欄を見てみろ。

業界の大物と懇親会で親睦を深めた自分。一流大学卒業の自分。一流企業ＯＢの自分。○○賞受賞の自分。自分、自分、自分。みんな自分を飾り立てることに必死だ。結局、みんな自信がないのだ。過去を盛って、権威付けして……。そうしなければ、誰からも注目されないと思っている。取るに足らない自分の言葉なんて、誰にも聞いてもらえないと信じている。無視されることを恐れている。だから、華々しい経歴と目の覚めるような肩書きで、自分を大きく見せようとする。

そうやって集めた読者は、果たして、その人の「書いたもの」「言ったこと」に面白さを感じているのだろうか。その人の肩書きに価値を見いだしているだけで、文章や発言の内容など二の次ではないのか。経歴を明かしてしまったら、読者の興味を引いたのが記事なのか、それともプロフィール欄なのか、分からなくなる。書いたものの面白さを証明するには、匿名でいるしかない。

「誰が言ったか」よりも「何を言ったか」のほうが大切だ。

これはネットに限らない。

私たちは「誰が言ったか」に影響されやすい生き物だ。発言の内容にきちんと向き合うのではなく、発言者の人となりを気にしがちだ。権威的な人物の言葉であれば安心するし、そうでなければ耳をかさない。

私たちは、そうやって生きてきた。

権威の言葉を信用して、血液製剤は安全だと思っていた。原発の事故などありえないと考えていた。いざ事故が起こったら、今度は放射能汚染の「権威」を探した。一部の人々はヒステリーに陥って、あらゆる権威の発言を全否定するようになった。「科学者の言うことなど信用できない」というあれだ。いずれにせよ「誰が言ったか」を気にするあまり、「何を言ったか」に目を向けていない。

私たちは「誰が言ったか」に振り回されてはいけない。

「何を言ったか」に、きちんと向き合わなければいけない。

知性的な動物として生まれてきた私たちには、自分の頭で考えることが許されている。かけがえのない自由が、許されている。そして自由は、行使しなければ失われてしまうのだ。

「誰が言ったか」よりも「何を言ったか」のほうが大切だ。

私はそれを証明するためにブログを書いている。「匿名」を維持している。

とはいえ、匿名だからと言って、なにを書いてもいいわけではない。発言には、それなりの責任が生まれる。掲示板ではなくブログを使っているのはそういう理由だ。

＊＊＊

大森貝塚で有名なE・S・モースは、ハーバード大学教授のルイ・アガシーに見いだされなければ、製図工としてさえない生涯を送っただろう。もしも夏目漱石が『鼻』を読んでいなかったら、芥川龍之介はあれほどたくさんの作品を残さなかったかもしれない。

才能は、しばしば他の才能に発見されることで日の目を見る。

他の才能とは、その業界の先駆者であり、権威だ。

ネット以前の世界では、誰か「権威」のお眼鏡にかなったコンテンツだけが消費者に届けられていた。だからニコニコ動画が出たばかりのころ、私たちは熱狂した。権威主義から自由になれると。

最近ではネットに失望する意見もよく目にするようになった。

ニコニコ動画もピクシブも、旧来のコンテンツ供給のしくみを壊すことはできなかった。結局、えらい人の目にとまるような才能の持ち主だけが「勝ち組」になり、やがてニコニコ動画を卒業していく。ネットが権威主義を終わらせるなんてウソだった、と。

しかし、それはあまりにも性急な意見だ。

長期的には、おそらくコンテンツの権威主義は衰微していく。誰か「えらい人」の選んだコンテンツではなく、「みんな」の選んだコンテンツが好まれるようになっていく。このパラダイムシフトは短期間では終わらない。ニコニコ動画が始まってから、まだ10年経っていない。そんな短い期間で完了するような変化ではない。

出版、放送、物流……。私たちの暮らす社会は19世紀末以降の歴史的蓄積のうえに成り立っている。ニコニコ動画が始まった時、「来年にはすべてが変わっている」と信じた人は、人類学的惰性を軽視しすぎていた。私たちの習慣はかんたんには変わらない。少なくとも、一部の習慣は。

なかには権威主義の衰退を嘆く人もいるだろう。

造詣の深い専門家がすばらしいコンテンツを発掘するのではなく、大衆化したコンテンツばかりが溢れてしまうと懸念する人もいるだろう。その懸念は正しい。「みんな」の選んだコンテンツばかりが拡散されるようになれば、大衆に理解されづらい「尖った作品」が注目を集めるのは難しくなる。一時的には、間違いなくそうなる。

しかし、大衆の審美眼は成長する。

きわめて個人的で主観的な意見だが、私たちの身の回りの製品を見てほしい。あらゆる製品のデザインが10年前、20年前よりも洗練されているのではないだろうか。大衆はいつまでも愚鈍なままではない。専門家と比べれば牛歩かもしれないが、大衆のセンスは洗練され、成長していくのだ。

たとえば日本は19世紀半ばに工業化を果たし、世紀の変わり目ごろには中産階級、すなわち大衆が登場した。それから数十年後、大衆文化は成熟期を迎え、大正ロマンや昭和モダンと呼ばれる〝センスのいい文化〟が花開いた。戦争によって一度は破壊されたものの、大衆の審美眼は日夜、成長を続けてきた。たとえば酒の話をすれば、かつて高級ウイスキーだったサントリーの白角は、現在では愛すべき日用酒になった。かつてバーのいちばん目立つ棚に鎮座していたジョニーウォーカーは、いまではコンビニの棚に並んでいる。数十年という時間感覚で見れば、大衆の嗜好は確実に成熟していく。

だから権威主義の消失を恐れる必要はない。

権威がいなくなったなら、代わりに私たちが賢くなればいい。一部のえらい人が「面白い」と評したものが、人類にとって普遍的に面白いとは限らない。100万人が「面白い」と感じたもののほうが、面白さの確度は高い。数人の選者が選んだデザインが、本当に万人にとって

「センスがいい」と感じるデザインかどうかは疑わしい。統計の問題だ。

人類は何を〝よい〟と感じるのか？

この設問に答えるには、1人の意見を聞くよりも、100万人の声に耳を傾けたほうが有益だ。

短期的には、ネットはコンテンツの流通形態を変えなかった。しかし長期的な目で見れば、コンテンツの流通と消費は確実に変わりつつある。権威の選んだものではなく、「みんな」の選んだものが消費されるようになる。私はその日が待ち遠しい。

＊＊＊

ブログを始めたとき、私は「匿名」で行くと決めた。ブログは共感と代弁のメディアだと思ったからだ。プロフィール欄ではなく、記事を読んでもらいたいと思ったからだ。権威主義はやがて衰退し、「みんな」の選ぶ時代がくる。みんなに選ばれるものを書きたいと、あの日、私は思ったからだ。

そして何より、「誰が言ったか」よりも「何を言ったか」が大切だと信じている。

だから私は、匿名で書いている。

アクセス数を稼ぐのなら、おそらく経歴や肩書きはあったほうがいい。華々しいキャリアなどなくてもいい。ニートや非正規雇用といったネガティブなものであっても、プロフィール欄は充実させたほうがいい。書き手のキャラクターが明確だったほうが、読者の記憶に残りやすい。いわゆる「信者」と呼ばれるような読者層を作りやすい。

したがって匿名を貫くのは、一種の「縛りプレイ」なのだろう。アクセス数を稼いだり、書籍化してマネタイズしたり……。ブログの書き手の「成功事例」からは、あえて遠ざかる選択をしているのかもしれない。

しかし、そうするだけの価値があるのだ。

私は証明したい。「誰が言ったか」よりも「何を言ったか」のほうが大切だということを。本当のテキストコンテンツの力を。私の名前なんて覚えなくていい。私がどこの誰かなんて気にしなくていい。ただ、私の書いたものを読んでもらいたい。


テレビや新聞では、えらい人しか発言できない。

だけど、ネットは違う。

えらくなくていい。華々しい経歴なんてなくていい。

誰にでも発言の機会が与えられている。

それがネットのすばらしさではないか。

何を恐れているのだろう。どうして自分を大きく見せる必要があるだろう。どこの誰でもない匿名の個人が、世界に向かって声を上げられる。自分の思いを世に問うことができる。短期的なアクセス数に一喜一憂するあまり、与えられた力のすばらしさを忘れていないか。
ネットは、えらい人のものではない。
私たちのものだ。

(2013.09.21)

# 消費の時代から生産の時代へ

ニコニコ動画やピクシブなどの登場する前後で、私たちの価値観は大きく変わってしまったようだ。「カッコよく消費すること」が至上の価値だった時代から、「カッコよく生産すること」が重視される時代になった。商品や情報をただひたすら飲み込むだけでは、もはや〝カッコ悪い〟と見なされる。制作物や情報を発信してこそ〝カッコいい〟と評価される――。

本当に、そういう時代になったのだろうか？

本当だとしたら、変化の原因は何だろうか？

## 1. 情報爆発

今の中高生には想像できないかもしれないが、かつて〝消費の時代〟があった。いい年した大人たちが、あるいはすべての子供たちが、消費しかしない時代があった。CM放映されたものをいち早く買ったやつがカッコいいと見なされる。そういう時代が本当にあったのだ。

ニコ動以前の時代では、「カッコよく消費する」ことが重要視されていた。

自我を確立するためには、他者との差別化が必須だ。どんなアーティストのどんな曲を知っているとか、話題のスポットに誰よりも早く足を運んでいるとか、消費活動で個性を表現しようとする人が多かった。とくにバブル期にはこの価値観がピークを迎えていたらしい。世の中には楽しいものがこんなにたくさんあるのに、それを消費しないなんて、なんのために生まれてきたの？――これが〝消費の時代〟のメンタリティだったはずだ。

ところがニコ動以後の時代では、「カッコよく生産する」ことが重要視されるようになった。

どんなにマニアックなアーティストを知っていようと、ウィキペディアにはもっと詳しい情報が書いてある。話題のスポットはグーグルのストリートビューで下見して、足を運ぶ価値があるかどうか判断できる。何かを消費するだけでは、個性化・差別化が図れなくなった。

では、どうやって自分の個性を表現するのか。差別化を図るのか。

その答えが、たとえば「歌ってみた」「踊ってみた」だし、ツイッターやブログに文章を書くことだったりする。いずれも情報を発信しているという意味では生産活動だ。たしかに情報の〝質〟は千差万別だが、これらはまぎれもなく生産活動なのだ。

おそらく、今の中高生に「生産の時代だよ」と言ってもピンと来ないだろう。

「ボカロ曲（生産物）を聴く（消費）→曲の背景ストーリーを読む（消費）→感想をつぶやく（生

産）／歌ってみる（生産）／踊ってみる（生産）／描いてみる（生産）」

この一連の流れをまとめて一つの消費活動だと彼らは見なしているはずだ。ところが厳密には、この一連の活動には生産的な要素が多分に含まれている。これら生産活動は、かつては存在しえなかった。

今の時代、誰もが何かを発信している。何かを生産している。何も作らないなんて、なんのために生まれてきたの？　——と言わんばかりの勢いだ。

いったいなぜ、こんな時代になったのだろう。

どうして私たちはモノ作りをやめられないのだろう。

## 2．反響を得るツール

かつては発表の場が限られており、モノを作っても、誰の目にも触れずにお蔵入りになる場合がほとんどだった。無関心は、悪評よりも堪える。褒め言葉だろうと悪口だろうと、反響があるからこそ私たちはモノを作れる。たしかに世の中には「反響なんていらない」という天才がいるのは認めよう。しかし、ほとんどの人にとって反響は創作意欲の源泉だ。

ところが以前は、制作物を見てもらうこと自体が難しかった。反響を得るのはさらに困難だった。だから創作意欲が芽生えても、それを育てるのは並大抵のことではなかった。子供のころを思い出してほしい。誰もがクレヨンで未踏の世界を描き、積み木の城を建設していたはずだ。何かを生み出したいという欲求をヒトは生まれながらに持っている。けれど多くの人がその欲求を殺してしまい、消費者の立場に甘んじていた。

すべてを変えたのはインターネットだ。

ミクシィやフェイスブックを使えば、誰もが吉田兼好になれる（かもしれない）。ピクシブにイラストを投稿すれば、現役時代のゴッホよりもたくさんの人に見てもらえる（かもしれない）。「双方向のメディア」「仮想空間」「第八大陸」……ネット文化を象徴する言葉はたくさんある。しかし一人ひとりの人間にとっては、インターネットは「反響を得るツール」だったのだ。ツイッター廃人が生まれるのは、インターネットが反響をくれるからに他ならない。

そして、人々の眠っていた創作意欲が爆発した。

消費の時代から、生産の時代へ。

1985年生まれの私は、この時代の変遷を肌で感じてきた。小学生のころはインターネットがまだ普及しておらず、私たちは消費の時代にどっぷりと浸かっていた。『なかよし』のセーラームーンを読み漁り、『コロコロコミック』に命じられるがままミニ四駆を、そしてハイパーヨーヨーを欲しがった。

ところが中学生になると、インターネットが爆発的に普及していく。私は小説投稿サイトに入り浸るようになり、同級生にはテキストサイトの管理人やGIFアニメ作りに熱中する友人がいた。生産の時代の到来だ。『侍魂』や『機動戦士のんちゃん』に熱狂していた。『うーさーのその日暮らし』がアニメ化されるなんて想像できなかった。

一日は24時間しかない。私たちの自由時間から消費活動が減っていき、生産活動へとシフトしていった。価値観が変わる前に、まず生活スタイルが変化したのだ。

## 3. 双方向の情報化

ところが、発表の場があるだけでは「カッコよく生産する」という価値観は生まれない。価値観を変えるには〝反響を得るツール〟だけでは不充分だ。

なぜなら、未熟なものを発表しても「勘違い乙」で終わってしまうし、得られる反響が悪評だけなら発表しないほうがマシだからだ。「カッコよく消費する」という価値観から脱皮するためには、ただ発表の場があるだけではダメだし、反響を得られるだけでもダメなのだ。

価値観の変化には、インターネットのもう一つの性質が関わっている。

つまり、「双方向の情報化」だ。

かつて、私たちは〝消費者様〟として君臨することができた。

テレビに登場する芸能人に罵詈雑言を浴びせかけ、気に入らないマンガや小説を徹底的にこき下ろした。仲間内のご意見番になって、「村上龍の新作？　ああ、イマイチだったよね」と偉そうな言葉を吐いていた。「鈴木あみ？　歌がへたくそ」「広末涼子？　あの学芸会みたいな演技をどうにかしろよ」そんな言葉で〝違いの分かる自分〟を演出していた。

——じゃあ、偉そうなクチを叩くてめえは何者なんだよ。

この時代、どんなに尊大な言葉を吐いても反撃されなかった。だから安心して消費者様でいられた。たとえばアルバイト経験のない中学生は、高校生よりもファミレスでのマナーが悪い。働く側の立場を想像できず、〝お客様〟でいられるからだ。モノを作ることのハードルが高かった時代、何一つモノを作っていない人たちが、安心してモノ作る人を叩くことができた。この〝消費者様〟のメンタリティはとても根が深く、現在でも脱出できない人がたくさんいる。

ところが現在では、批判的な意見には「反撃」がある。インターネットのおかげで、すべての人が情報の発信者になれる。〝生産〟の側に立つことができる。だから「文句があるなら自分でやれば？」という反論が成り立ってしまう。

もちろんヒトは分業によって豊かになる生物だ。絵が得意な人、歌が得意な人、お話を書ける人——。それぞれに得手・不得手がある。もしも自分のできないモノについて文句を言えないとしたら、たとえばジャンプの編集者はマンガ家に一切口出しできなくなる。それはおかしい。編集者は売れるマンガの作り方を、つまり商品企画の作り方を知っている。自分の〝作れるモノ〟や〝できること〟があるからこそ、誰かの創作物に口をはさめるのだ。

人は、本質的に自由だ。

言ってはいけないことなどないし、やってはいけないこともない。何一つ生み出すことのできない人でも、嫌いなものを「嫌い」と言う権利はある。むしろ批判的な意見が欲しい、成長のためにダメ出ししてほしい――。そう考える創作者は少なくない。

が、権利があることと、それを行使することの間には、越えがたい溝がある。

銃を撃つことができるのは、撃たれる覚悟のある人だけだ。双方向なメディアに批判的な意見を書き込めるのは、批判される覚悟のある人だけだ。「こいつバカだな」とブログに書き込んだら、相手から「あんたのほうがバカだ」と言い返されるだろう。こういう環境では、「カッコよく消費する」というメンタリティを維持しづらくなる。誰もが批判をためらうからだ。消費したモノについて意見を述べてプチ評論家を気取るところまで含めて、〝消費の時代〟の価値観だった。

インターネット上でプチ評論家を気取れるのは、反撃を気にしない人だけだ。「そういうお前は何ができるの?」「どんなモノが作れるの?」という反論を受け流せる人だけだ。つまり覚悟のある人か、よっぽどのバカだけである。

情報が双方向になったことで、〝消費者様〟になることを躊躇する人が増えた。良いことか悪いことかは別として、批判的な意見を口に出しづらくなった。だからこそ〝消費の時代〟の価値観は死滅するようになり、〝生産の時代〟へと移行しつつあるのだ。

最近のニコニコ動画では、「視聴者様は帰れ」というコメントをしばしば目にする。隔世の感を覚えずにはいられない。

(※余談だが、VIPPERがニコ厨を嫌っていた理由はこの辺にあるのかもしれない。ニコニコ動画のユーザーは、VIPを含め2ちゃんねる文化・ネットスラング文化が大好きなのに、当のVIP側はニコニコ動画が大嫌い──という男子小学生の片想いみたいな状況が、今でもわずかながら残っている。「視聴者様は帰れ」という言葉が象徴するように、ニコニコ動画では〝生産〟の価値観が浸透している。投稿者だけでなく、コメントを書き込むだけでも〝その動画を盛り上げること〟につながる──。つまり生産的な活動になる。

一方、VIPを始めとする2ちゃんねるは〝消費〟の価値観が色濃い。自分の立場を問われることなく、安心して好き・嫌いを書き殴れる。それが2ちゃんねるというサービスの魅力であり、〝消費の時代〟のメンタリティと親和性が高いはずだ)

＊＊＊

今回の記事に書いたことは、日本人すべてに当てはまるわけではない。「カッコよく生産する」という価値観を持っているのは、〝消費の時代〟をあまり覚えていない若い世代の人か、あるいはインターネットの登場以前から〝モノ作り〟を内面化していた人だけだろう。

消費の多様化が叫ばれて久しい。

が、この言葉は現実を捉えきれていない。消費が多様化したというよりも、そもそも消費をしなくなり、生産へとシフトしたと捉えるべきだ。ヒトは生まれつき、なにか作りたいという衝動を持っている。しかし一日は24時間しかない。私たちが消費に使う時間は減り続けている。たとえば最近の流行りのサービスやコンテンツは、みんな生産の土台になるものばかりだ。ユーチューブやニコニコ動画はわかりやすい例だろう。またiPhone、iPadなどのデジタルデバイスならば、所有欲をそそるだけでなく、それを使って何かを発信できる、何か生産的な活動に参加できるという部分が重要であるはずだ。

掃除機のルンバ――失礼ながら、初めて見たときは絶対に売れないと思った――が、どうしていまだに終売にならないのか。「ルンバが掃除しやすい部屋を作る」という創意工夫の余地があるからだ。その様子をWEBにアップするという楽しさまで提供してくれる。ルンバは「カッコよく生産する」という価値観をくすぐるのだ。一方、なぜ日本メーカーの〝スマホ家電〟があまり成功しないのか。できることが最初から固まっていて、創意工夫の余地が見えないからだ。便利なだけの道具を「カッコよく消費する」という価値観から抜け出せず、〝生産の時代〟の価値観にコミットしていないからだ。

コンテンツに目を向ければ、『エヴァンゲリオン』ＡＫＢ48、あるいは鎌池和馬や西尾維新などの速筆のラノベ作家たち――。これら流行のコンテンツに共通していることは、情報量が膨大だという点だ。たとえば作家の岩崎夏海先生は、この共通点を見て「消費しつくされないコンテンツが求められている」と指摘した。ネット時代には情報があっという間に消費されてしまう。飽きられずにヒットを飛ばすためには、消費しつくせないほど情報量の多いコンテンツを送り出すしかない、と。

この指摘は正しい。

そして、もう一歩踏み込んで考えてみれば、膨大な情報量は生産の余地を生む。二次、三次の創作活動につながる。アニメ『TIGER & BUNNY』を思い出してほしい。登場人物が多ければ多いほど、無数の組み合わせの物語を想像できる。あるいは『魔法少女まどか☆マギカ』を思い出してほしい。情報量に裏打ちされた堅牢な世界観と、魔法少女は主人公たち5人だけではないという設定。やはり生産の余地が広いのだ。

創作は、生産活動のほんの一部分にすぎない。掲示板やブログに感想を書き込むこと、握手会やコンサートの空気を、雰囲気を、マナーを作っていくこと。それらはすべて生産的な活動だ。推しメンの人気を広げるために身銭を切ることは、つまり目標に近づくために努力するということだ。第三者の目には大量の握手券を消費しているようにしか見えないかもしれないが、本人にとってはまぎれもなく生産的な活動なのだ。

＊＊＊

インターネットの登場と成熟により、〝知っている〟だけでは個性を表現できなくなった。

また、インターネットが「反響を得るツール」として機能したため、多くの人が生産したいという欲求を開花させた。自由時間からは消費に充てる時間が減り続けている。さらにインターネットは双方向のメディアであり、「反撃」や「第三者からの評価」がある。そのため〝消費者様〟としてふるまうのはカッコ悪いことだと見なされるようになった。

これらの要因から「カッコよく消費する」という価値観は過去のものになり、「カッコよく生産する」という価値観が広がりつつある。

今、非生産的な仕事は次々に機械に置き換えられている。

遠い未来には、すべての人々が生産的な活動に従事する時代がくる。テクノトピアは幻想ではなく、確実な未来だ。ただし、その時代が来るころには私たちの寿命はつきているだろう。

夢のような話なのは分かっている。

今はまだ生産活動では生きていけない人がたくさんいる。今はまだ非生産的な仕事とも付き合っていかなければいけない。未来はすぐにはやってこない。毎朝、目が覚めるたびに昨日の続きが始まるだけだ。

しかし、それでも、夢を見るのは人間の仕事だ。

（2012.10.31）

## 「ググレカス」が世界を変える——ネットのコンテンツは「紙と放送の時代」と何が違うか。

インターネットは、活版印刷に匹敵する技術革新だ。

しかし、ネットがどのように世界を変えていくのか、具体的に想像できない人も多いようだ。通信コストをゼロにして産業構造を変えるだけがネットの力ではない。インターネットは、一般大衆の知性を底上げして、人類社会そのものを変えてしまうだろう。

ネット前夜の「紙と放送の時代」には、コンテンツに**消費者の知らない情報**を含められなかった。たとえば大衆向けの新聞記事に専門用語は使えなかったし、テレビで進化論やマクロ経済のような「概念」を伝えるときは、ごく簡単な一部分しか伝えられなかった。

しかし、現在は違う。

コンテンツに含められないのは**検索で調べられない情報**だ。逆に言えば、検索でかんたんに分かるなら、たとえ消費者の知らない情報でもコンテンツに含められるようになった。

「知らない情報」を避ける時代から、「検索できない情報」を避ける時代へ。

これは小さな変化に見えるかもしれない。が、人類社会を根幹から組み換えてしまう変化だと私は思う。

＊＊＊

ヨハネス・グーテンベルクが活版印刷を発明したのは15世紀半ばだ。それ以前のヨーロッパでは、筆記による写本か、もしくは木版に頼らなければ出版物を作れなかった。グーテンベルクは聖書を安価に製作・配布するために活版印刷を思いついたという。

ところが活版印刷は、世界を変える技術革新だった。

15世紀はルネサンスの華やかなりし頃だ。安価になった出版物によって、新しい思想や価値観、科学的な発見は、瞬く間に広まった。

想像してほしい。

もしも活版印刷がなければ、ルネサンス後の宗教改革は起きなかったかもしれない。もしも宗教改革がなければ、実験と観察を重視する科学主義は発展しなかったかもしれない。キリスト教にプロテスタントは生まれなかったかもしれない。現代の資本主義は、貯蓄と勤勉をよしとするプロテスタントの思想によって誕生したという話もある。もしもプロテスタントが生まれず、科学主義が発展しなければ、産業革命は起きなかったかもしれない。そして「現代」は始まらず、私たちは今でも身分制度と迷信に縛られた中近世を続けていたかもしれないのだ。

こうして考えると、活版印刷がいかに偉大な発明だったのか分かる。火薬や羅針盤と並ぶ、人類社会そのものを変える技術革新だった。

活版印刷がない時代、一般大衆は口伝や自分自身の経験によってしか知識を得られなかった。個人的な経験だけが知識の源泉だった。ところが出版物が安価になったことで、他人の経験から知識を得られるようになった。

遺伝的に脳の構造を変えなくても、知識の蓄積によって賢くなれる。それが人類という種の特徴だ。

活版印刷の登場で、人類は賢くなった。

＊＊＊

活版印刷をきっかけに人類は賢くなった。が、現在でもなお、紙や放送のコンテンツにはバカ対策《フールプルーフ》が効いている。

専門用語は使えないし、抽象的な概念は簡単に説明できるものしか伝えられない。紙や放送のコンテンツ制作者は、基本的に消費者をバカだと思ってモノを作る。『フィネガンズ・ウェイク』は教養人の楽しむ芸術作品であって、大衆の楽しむエンターテイメントたりえない。ライトノベルに大江健三郎のような文体は使えない。

しかし、ネットは違う。

WEBメディアに携わる人でも、まだ気づいてない人がいるかもしれない。インターネット上のコンテンツは「消費者が知っているかどうか」をあまり気にしなくていい。むしろ重要なのは「簡単に検索できるかどうか」だ。消費者が正しい検索結果にたどり着けるキーワードをコンテンツの中にちりばめられるかどうか。これがコンテンツの質を左右する。

要するに、インターネットのコンテンツにはバカ対策は要らないのだ。

知らない専門用語が書いてある？

だったら、ググレカス。

これがインターネット時代のコンテンツのあり方だ。知識や教養だけでは、賢人とバカを区別できなくなった。教養を笠に着て偉ぶることができなくなった。

抽象的な概念とは、経験的な知識を発展させたものだ。

たとえば先史時代から、私たちは「子は親に似る」ことを経験的に知っていた。また「どちらの親にも似ていない部分」が時々現れることも知っていた。そして19世紀イギリスの鳩のブリーダーは、派手な羽根の鳩をかけ合わせると子鳩はさらに派手な羽根を持つことを知っていた。

これらの経験的な知識を統合すると、抽象的な概念——突然変異、自然選択、進化論——を生み出すことができる。抽象的な概念とは、経験的な知識の積み重ねによって生まれる、より上位の知識だ。

また、「農家が野菜の値段をつり上げると家計が苦しくなる」ことを私たちは経験的に知っている。「値下げしないと売れないから家計が苦しくなる」ことを農家は経験的に知っている。これらの経験的な知識を一つにまとめると、より上位の抽象的な概念――需要と供給による価格決定メカニズム――が生み出される。

さらに、「貯金したいからクルマを買うカネがない」ことを私たちは経験的に知っている。「ローンを組む人が減るとクルマが売れなくなる」ことを自動車ディーラーは知っている。これら経験的な知識を一つにまとめると、「貯蓄による合成の誤謬」などのマクロ経済の概念が生まれる。

インターネットによって、抽象度の高い概念でも一般大衆向けのコンテンツに載せられるようになった。なぜなら私たちは経験的な知識をいくらでも検索できるからだ。ある概念を理解するには、前提となる知識や教養が必要だ。が、そういう前提知識は消費者が自分で検索すればいい。検索エンジンは無限の知識を供給してくれる。

インターネットのコンテンツ製作者は、消費者をバカだと思ってはいけない。

むしろ無尽蔵な知識を持つ巨人だと考えなければ、いいコンテンツは作れない。しばしば不完全な知識にもとづいて書かれた新聞記事が炎上するが、あれは検索すればすぐに分かることを調べなかった罰である。

活版印刷によって、一般大衆は「個人的な経験」だけでなく「他人の経験」からも知識を得られるようになった。

そしてインターネットによって、一般大衆は「経験的な知識」だけでなく「抽象的な概念」も得られるようになった。

インターネットの登場で、人類はこれから賢くなる。

＊＊＊

では、なぜ人類は賢くなる必要があるのだろう。なぜ、バカのままではいけないのだろう。

それは「自由」が、自主・自律とセットだからだ。そして「民主主義」が、啓蒙とセットだからだ。

私たち一般大衆が賢くなければ、自由も民主主義も成立しない。

自分の暮らしを自分で立てられない人は、集団に依存して、集団に支配されて生きるしかない。支配されずに生きるためには、賢くなければならない。そして民主主義は、大衆がバカなら簡単に衆愚に陥る。

だから人類は賢くなり続けなければいけないし、人類はもっと賢くなれると私は信じている。

今の日本には、たぶん「自由をもてあましている人」が結構たくさんいる。

自分がどう生きればいいのか判断する力を学校では教えてくれないし、親たちも教えてくれない。なのに、社会は「何をやっても自由だよ」と迫ってくる。羅針盤も海図も持たずに大海原に放り出されるようなものだ。だからラクなほうに逃げたくなる。誰かに生き方を支配されたくなる。

しかし、それは支配してくれる親を失った子供のワガママにすぎない。

誰だって、本当は支配などされたくない。

グーテンベルクの活版印刷から現代まで500年以上かかった。インターネットが世界を変えるにはもう少し短い時間で済みそうだが、それでも私たちが本当に自由で多様性豊かな社会を手にするには、数百年という単位の時間がかかるだろう。500年後の未来がどうなるか、私には分からない。しかし、間違いなくインターネットは、人類がルネサンスから現代までに経験したのと同じぐらいの変化をもたらすはずだ。

＊＊＊

いいコンテンツとは、消費者に行動をうながすコンテンツだ。

テレビCMなら消費者にモノを買わせるのがいいCMだし、新聞の政治記事なら次の選挙で誰に投票するか判断させるのがいい記事だ。小説やマンガなら友だちと感想を交換したくなるのがいい作品だと言えるだろう。ヒューマンドラマの映画を見たあとは家族や友人を大切にしたくなるものだし、『マトリックス』や『ボーン・スプレマシー』のようなアクション映画を見たあとは急にカラダを鍛えたくなる。

消費者の行動を変えること。

それが、いいコンテンツの条件だ。

そして「検索」は、いちばんハードルが低い消費者の行動だ。インターネット上のコンテンツを作るときに、消費者をバカだと思う必要はない。むしろ無限の知識を持つ巨人を相手にしていると思ったほうがいい。消費者の「知らない情報」には、紙と放送の時代ほど神経質にならなくていい。むしろ消費者が「検索できない情報」を取り除くことに気を払うべきだ。

ユニークなキーワードをちりばめて、消費者が検索しやすくすること。

ネットで求められるのは、そういうコンテンツだ。

そういうコンテンツが、やがて世界を変えていくのだ。

（2014.02.14）

# 若者にハングリー精神を求めるなんて愚の骨頂

偉い人たちが考えている。

「日本企業がiPhoneやフェイスブックのような製品・サービスを生み出せず、サムスンに大敗するのはなぜだろう?」

そして3秒後にこう答える。

「最近の若者にハングリー精神が足りないからだ!」

マジで言っているなら噴飯ものだ。あいつら、なんにも解っちゃいない。

一般的に、哺乳類は歳をとるほど保守的になり、若いうちほど挑戦的だ。ヒトもその例に漏れない。なかには大器晩成型のヒトもいるけれど、あくまで例外的な存在だ。組織の平均年齢が高くなれば、それだけ保守的な集団になり、革新的なモノが生み出されなくなる。日本では「産・官・労」の高齢化が進んでおり、そのことが現在のあらゆる閉塞感の原因となっている。

したがって「国家公務員の新規採用４割減」は亡国の愚策だ。

組織の新陳代謝が止まったら、もう誰にも現状を打破できなくなる。

◎国家公務員新規採用４割減「若者いじめ」批判相次ぐ J-CAST ニュース
http://www.j-cast.com/2012/03/06124559.html

政府の行政改革実行本部は２０１２年３月６日の会合で、13年度の国家公務員の新規採用数を、政権交代前の09年度と比べて４割以上削減する方針を決めた。

消費税増税を柱とする社会保障と税の一体改革を押し進める上で、「政治と行政の『身を切る姿勢』」を強調することが狙いとみられる。人件費の高い中高年は手つかずのため、「若者いじめ」だとの声もあがっている。

＊＊＊

映画『ソーシャル・ネットワーク』をご覧になっただろうか。フェイスブックの誕生秘話を描いた作品で、アカデミー脚色賞を受賞した。実話をもとに娯楽性の高い青春ドラマに仕上がっており、とても面白かった。

この作品では「フェイスブックを作った人々」が、みんな子供っぽく描かれている。大学生

| 社名 | 平均年齢 | 平均勤続年数 |
|---|---|---|
| 新日鐵 | 40.7 歳 | 20.4 年 |
| パナソニック | 44.6 歳 | 22.9 年 |
| 東芝 | 41.3 歳 | 17.3 年 |
| 三菱電機 | 41.4 歳 | 18.7 年 |
| ソニー | 41.0 歳 | 16.5 年 |

図 1　日本の代表的企業の平均年齢（2011 年３月期年次決算資料より）

が特技を磨いているうちに、気づいたらとんでもないモノを作っていた——。そこには一片の真実があるのだろう。パーティーシーンの乱痴気騒ぎは誇張かもしれないが、「学生と大差ない年齢の人々がフェイスブックを作った」という点に嘘はない。世界最強のSNSは、若者の手によって生み出された。

サムスン社員の平均年齢は32・8歳。取締役に限っても、平均年齢は45歳前後だという。これらの企業に共通する特徴は、「次世代の力・若い才能をうまく活かしている」ということだ。

では、日本の代表的企業の平均年齢はというと、こんな感じである（図1）。

これこそ、日本が革新的なモノを作り出せない本当の理由だ。

取締役の平均年齢は50代、60代が当たり前。若い労働者に「人件費が安い」以外の魅力を見つけられず、非正規で買い叩く。それが、この国の産業界だ。少子化と採用削減のダブルパンチで、日本の大企業は高齢化の一途をたどっている。

組織の平均年齢が高くなると、なぜ創造性が失われるのだろう。

そこには大きく二つの経路がある。

一つは「ヒトは歳をとると創造性を失う」という避けようのない事実だ。一般的に言って、ヒトは歳をとるほど物覚えが悪くなり、頭の回転が鈍くなり、新しい発想を生み出せなくなる。性格は穏やかで保守的になっていく。なかにはゲーテのように〝生涯を青春に生きたヒト〟もいるし、サミュエル・L・ジャクソンのように〝42歳でブレイクしたヒト〟もいる。けれど、そんなの例外中の例外だ。平均的に言って、中高年は創造性・独創性・新規性・革新性などで若年層に敵わない。そして**本来、それは悪いことではない**。若者の蛮勇を諫め導くのが、保守的で穏やかな年上世代の役割だからだ。

しかし、そういう「年上世代の役割」が目の上のたんこぶになってしまうこともある。それが二つ目の経路。

どんなに平均年齢の高い企業でも、毎年それなりの人数の新入社員を採用しているはずだ。にもかかわらず革新的な製品・サービスを生み出せないのだとしたら、それら「若い才能」を生殺しにして潰してしまう体制がある――と考えざるをえない。

社内の空気や不文律が「新しいアイディア」を潰してしまうのかもしれないし、仕事の細分化が進んだ結果、若手のアイディアが製品化までたどり着けない仕組みになっているのかもしれない。いずれにせよ「高齢な組織」では若者が活躍できない。朱に交われば朱くなる、新入社員たちは「若者らしさ」を奪われ、失ってしまうのだろう。

これが日本の「産業界の高齢化」だ。


少子化の時代、このような高齢化は日本のあらゆる組織で進行している。

たとえば政治だ。日本の世代間格差は目も当てられないほど大きい。にもかかわらず、再分配政策はまったく機能しないまま放置されている。この国の政府は少子化を止める気なんてさらさらなく、的外れなバラマキばかりが行われている。で、困ったら「移民を受け入れようか」などと言い出す。移民を受け入れたって、政府組織の新陳代謝は進まない。何も変わらないのだ。政府は高齢の官僚たちに牛耳られ、選挙は膨大な数の高齢有権者に支配されている。若年層のための――未来のための施策がとれない構造になっている。

これが「官」の高齢化だ。

さらに、本来ならば世代にかかわらず労働者の味方となるべきはずの労働組合も、若い世代には背を向けている。リーマンショック直後、活躍していたのは草の根の労働者団体だった。三大団体がぎりぎりまで沈黙を守っていたことを、私はたぶん一生忘れない。

そもそも、現在の労働組合は極めて保守的になっている。国際的な情勢の変化にうとく、また雇用構造の変化という時代の流れからも取り残されている。どこまでもドメスティックで時代遅れな保守団体、それが現在の労組だ。私たち労働者の味方を名乗るのなら、それらしい振る舞いを取り戻してほしい。現在は「高齢な労働者」の職を守ることだけに特化しており、若年労働者のことなんてハナから考えていない。

これが「労」の高齢化である。

少子高齢化は、社会福祉だけの問題ではない。

若年層の減少が「産・官・労の高齢化」を招いた。結果、先見性のあるアイディアや革新的な施策、製品、サービスが生まれなくなった。一言でいえば「社会の活気が失われた」のだ。

これこそ、少子高齢化の本当の恐怖だ。

＊＊＊

今の日本は「閉塞感に覆われている」という。その本当の原因はなんだろう？

目の濁りはじめた人たちは「最近の若者はハングリー精神がないからだ」という。「草食化」や「海外志向の減退」をあげつらう。そして、ハングリー精神が失われた理由を「日本が豊かになったから」だと結論づける。

自分たちが若いころにはモノもサービスも全然なかった。けれど今の若者たちはモノに満ちた社会に生きている。だから欲に乏しい。日本が閉塞感に覆われている原因は「若者が無欲だから」で、その理由は「自分たちが日本を豊かにしてきたから」だという。ご立派だ。こんな典型的な「若者論」を、それなりの社会的地位を持ち、若いころはそこそこ頭が切れたであろう人たちが平気で口にする。

けれど「若者論」をふり回す人たちは、いったい何人の若者を知っているのだろう。自社の新入社員とあけすけな議論をしているのだろうか。学生たちと酒を酌み交わす機会があるだろうか。自分の娘・息子ともまともに会話できない人が「若者論」を叫んでいるのだとしたら、ギャグを通り越して悲痛さを感じる。

今の中高年が若いころにはモノがなかった――それは事実だろう。日本を豊かな国へと成長させてきた――それについても、まあ、認めよう。けれど、それらの事実は「現在の若者がハングリー精神を持たない」こととは無関係だ。ハングリー精神という極めて主観的なものを、過去と現在とで比較しようとすること自体が無意味である。

時代や地域を選ばず、若者とは一般的にハングリーなものだ。しあわせを摑もうとして、もがくものだ。ただ、「しあわせ」の定義が時代によって変わっているだけだ。現代的なしあわせを求めて、いまの若者たちも充分にハングリーな精神を持ち合わせている。若者にハングリー精神を求めるなんて愚の骨頂だ。だって、もう持っているのだから。

とはいえ、たとえば電話を知らない古代人にインターネットを説明しても理解してもらえないように、「古いしあわせ」しか知らない人に「今のしあわせ」をどんなに説いてもムダだろう。

中高年の人々が「若者論」を振りかざすのは、一種の期待なのだと思う。歴史は、若い世代によって動かされてきた。年上世代の人々も現在の閉塞感に嫌気がさしているからこそ、どこかにいる「すごい若者」にこの世界を変えてほしいと期待しているのだ。で、その期待が満たされないから「ハングリー精神が足りない」と短絡する。

しかし、この「閉塞感」の本当の原因は、あらゆる組織・集団の高齢化だ。

若者のハングリー精神が不足しているのではない、生まれ持った蛮勇さを発揮できない社会構造の側に問題があるのだ。「産・官・労の高齢化」が解消されない限り、この国に未来はない。

人はいつか死ぬので、高齢化による閉塞感はいつか解消される。

けれど、それが50年後では意味がない。

＊＊＊

なぜ「若者論」がダメかといえば、若い世代へと責任転嫁をすることで、本質的な問題点から目をそらしてしまうからだ。

日本企業がiPhoneを作れず、サムスンやインテルに敗北したのは、若い技術者たちのハングリー精神が足りないからではない。組織が高齢化しているからだ。

人は歳をとるほど保守的になり、革新性を失っていく。

日本企業がイノベーティブなモノを作れないのは、平均年齢が高すぎるからだ。日本の官僚が杓子定規な行政運営しかできないのは、平均年齢が高すぎるからだ。日本の労組が就労環境の変化に対応できないのは、平均年齢が高すぎるからである。

この「産・官・労の高齢化」こそが、若い世代の生きづらさの原因だ。そして日本を覆う閉塞感の、本質的な原因でもある。高齢化社会とは、社会保障だけの問題ではない。世の中全体から活力が失われることこそ、本当の問題なのだ。

ヒトが歳をとるほど創造性を失い、保守的になるのは、本来なら悪いことではない。世代の差もまた、尊重すべき多様性のひとつだ。各世代がそれぞれの強みを活かせる社会こそが望ましい。少子高齢化が進むなかで、社会の新陳代謝をいかにして進めるのか？　これは日本人すべてにとっての問題だ。世代を超えた課題であり、手を取り合わなければ解決の道はない。

だから私は、年上世代の頑迷さを責めるつもりはない。

人が歳をとるのは、その人の責任ではない。

(2012.03.07)

# 自分らしさを語れない人々

日本には、大人が少ない。

「自分らしさ」や「モテ」を何歳になっても求めつづけ、思春期のメンタリティを捨てられない人ばかりだ。少子高齢化の時代とは裏腹に、精神的には未成熟な人が多いようだ。

では、大人の条件とは何だろう。どんなことができれば「大人」と見なされるだろう。

条件の一つは、「自分を語れること」ではないだろうか。

＊＊＊

人気ブロガーで精神科医のシロクマ先生は、思春期のメンタリティをいつまでも捨てられない人々のことを、「思春期ゾンビ」と評している。

男たちは何歳になっても女ウケを狙って「ちょい悪」を模倣し、女たちはいつまで経っても「女子」を自称する。そのうち「60代女子」「70代女子」という言葉が雑誌の表紙を飾るだろう。

30代、40代はもとより、60代以上の団塊世代の人々さえも「思春期のメンタリティ」を抱えている。

日本には、大人が少ない。

誰も彼もがライフサイクルの次のフェーズに進まず、若い頃の心性を引きずったままの社会は、どこかおかしいのではないか

◎青春時代を彷徨い続けるオジサンが大人の音楽を騙るなんて、ちゃんちゃらおかしい

http://d.hatena.ne.jp/p_shirokuma/20130220/p1

---

作家・桐野夏生の短編小説に「夜の砂」という作品がある［＊1］。

主人公は、入院中の老婆だ。死期を悟った彼女は毎晩、不思議な夢を見ている。夢の中の彼女は少女のころに戻っていて、みずみずしいからだで男とセックスをする——。

「三つ子の魂百まで」という言葉が示すように、若いころに身に着けた価値観・性格・知識は、簡単には無くならない。27歳の私のなかには、17歳のころの私がいて、7歳のころの私もいる。37歳、47歳……77歳になったとしても、彼らが立ち去ることはないだろう。過去の自分は、いつまでも心のなかにいる。それは、ごく自然なことだ。

だから、思春期を忘れないこと自体は、悪いことではない。自分のなかの「子供っぽさ」を閉じ込めて、黙らせて、無視することはできても、それを殺すことはできない。思春期を忘れないのは人間として当たり前だ。

にもかかわらず、「思春期ゾンビ」には不気味さを覚える。

還暦を迎えようとする人が「自分らしさ」を誰かに代弁してほしいと求めているのだ。定年退職して、昔なら隠居生活に入るような年代の人々が、まるで高校生のようなことを叫んでいる。お尻のあたりがムズムズして、どうも落ち着かない。

思春期ゾンビが「大人」に見えないのは、なぜだろう。

思春期を忘れないのが当たり前だとしたら、「大人」に必要な資質が欠けているからだと考えるしかない。「この人は大人だ」と認定するに足る決定的な基準を満たしていないのだ。「思春期ゾンビ」は思春期を引きずっているのではなく、大人の条件を満たしていないと言ったほうがいい。

では、大人の条件とはなんだろう。

条件の一つは「自分を語れること」だと、私は思う。

決定的にわからんのは「どうしたら自分らしく生きられるか」が胸のなかにありつつも、他人の物語が必要らしい、ということだ。これはまったく意味がわからん。「自分らしく」っていうの自体がなんかすごい地雷ワードな気もするけど、あえてこの意味を考えるなら「自分はこう生きてきた。そしていまここにいる。この先こうやって生きて、こうやって死ぬのだ」ということじゃない。他人の言葉なんざ役に立たないよ。

◎ぜんぜん「自分らしく」ないじゃん

http://lkhjkljkljdkljl.hatenablog.com/entry/2013/02/21/211953（※２０１５年現在、削除済み）

---

１万年前の日本を想像してみよう。海辺の集落で十人ほどの男女がたき火を囲んでいる。農業は西アジアで発明されたばかりで、縄文人たちは狩猟採集生活を営んでいた。まだ牛も豚も家畜化されておらず、ヒトが利用できる動物はイヌだけだった。オオカミやクマに喰われることが、おそらく死因の上位を占めていた。

野獣を遠ざける炎に、人々はきっと安堵を覚えただろう。たき火を囲みながら、父は若き日の冒険譚を語り聞かせ、母は家族の成り立ちを語っただろう。少年たちは父の言葉に胸を躍らせ、少女たちは母の言葉に心を震わせただろう。大人から子供への物語の伝達こそが、共同体をつなぎとめ、社会を発展させてきた。

物語を授けるのは大人の役割だ。物語を求めるのは子供たちだ。

思春期ゾンビ――大人になれない人々――に決定的に足りないのは、自らを語ることだ。自分がどのように産まれ、どのように生き、どのように死んでいくのかを、自分自身で語ることができない。これが思春期ゾンビの特徴である。

ここでいう「物語」とは、言葉で語られるものに限らない。

職業・ライフスタイル・趣味……あなたを構成するすべてのものが、あなたという人物を語っている。問題は、それらを自分自身で選ぶか、それとも誰かからの借り物で済ますのか、である。

思春期ゾンビたちは、あくまでも借り物の「物語」で自分を語ろうとする。仕事も娯楽もカネの使い方も、あらゆるものにマニュアルを求める。マーケティング業界の作った形式的な世界観に陶酔し、自分の「物語」を語ろうとしない。

「LEON」に掲載されている通りの服装をしても、あなたはジローラモにはなれない。トヨタ・マークXを乗り回しても、あなたは佐藤浩市にはなれない。あなたはモーツアルトにはなれないし、私はアインシュタインにはなれない。あなたはあなたになるしかない。

女神なんてなれないまま私たちは生きるのだ。

だけど――、と私は思う。

いきなり「自分を語れ」と迫るのは、ちょっと酷かもしれない。

どのようなモノであれ、自己表現には「技術」がいる。経験もいる。思春期ゾンビの人々は、そういう技術・経験を持っていないのではないか。彼らは自分を語らないのではなく、語れないのではないか。

たとえば言葉で語る場合に的を絞っても、そこには「型」がある。

各パラグラフの冒頭に結論をおき、「抽象→具体」の流れで語るパラグラフ・ライティングの形式がある。できごとや情景の素描から始まるルポルタージュの形式がある。「見出し・リード・本文」の順番で詳細度を高めていく新聞記事の形式がある。

これは「物語」でも同じだ。歴史上、数えきれないほどの英雄が「行きて帰りし」の物語を経験してきた。黄金の羊毛を手に入れるために、あるいは父親を探すために、悪者を討伐するために旅に出た。ときには血族の過失により故郷を追われた。数えきれないほどの少女が魔法にかけられ、また魔法が解かれた。

一寸法師が鬼の落とした「うちでのこづち」を拾ったように、夜神月《ライト》は死神の落としたデスノートを拾った。ダンテが煉獄山の山頂で永遠の淑女ベアトリーチェと出会ったように、『まおゆう』の勇者は魔界の奥底で美しい魔王と相互所有契約を交わした。「オオカミ少年」と「いなばの白うさぎ」に共通するモノが、遠くのほうでアニメ『サイコパス』にも流れているのではないか。物語には「型」がある。

もちろん「型」を知らなくてもお話は語れる。

けれど、格闘技を知らないシロウトのケンカのような見苦しいものになる。「自分語り」の多くが居酒屋の愚痴レベルを脱しないのは、語り手が「型」を知らないからだ。自分の人生を、聞くに値する物語へと昇華できないからだ。なぜなら、言葉づかいの「型」を誰も教えてくれないからだ。

皮肉なことに、型を壊したと思いきや、結果として「子どもが見たまま、感じたままを綴る学校作文」という唯一の型を作り上げてしまいました。

（中略）

日本の教師は、意識する、しないにかかわらず、結果的に「綴り方」の伝統に則って、「自由に、思ったままを書けばいいんだよ」と励まして子どもに作文を書かせます。しかし、でき上がった作文は、どれも驚くほど似通っています。

（中略）

型を知らずに「自由に書け」といわれても、いったい「何から」自由になればよいのか分かりません。その結果、「起こったことをありのまま書いて時系列で気持ちの変化をたどる」という書き方が逆説的に唯一の型になってしまうのです。

◎Q．日本の国語教育では書き方の様式を教えず、創作文を書かせませんが、それはなぜですか。

http://berd.benesse.jp/berd/center/open/berd/backnumber/2006_06/fea_watanabe_04.html

思考とは、自分のなかのもう1人の自分と語り合うことをいう。言葉を覚えた人間は、もはや1人にはなれない。言葉を発する自分と、言葉を受ける自分とがいるからだ。

ヒトはしばしば1人になりたがり、みんなといるときでも沈黙を守る。これは社会性動物には珍しい特徴だろう。たとえばネズミは常にヒトには聞こえない高周波で呼び合っている。クジラはいつも歌っている。ヒトが孤独を求めるのは、きっと、言葉を持っているからだ。本当に1人にはなれないからだ。

おそらく「嬉しい・悲しい」「怖い・安心」等は、多くの哺乳類が持っている原始的な感情だ。鳴き声や歌声で、そういう感情（のようなもの）を仲間に伝え合っている。ヒトの祖先も「歌うサル」の一種だったはずだ。餌場を探すときの高揚した気分を歌ったはずだ。敵が襲来したときの緊迫感を歌ったはずだ。愛を歌ったはずだ。

そして歌から言葉が生まれたとき、そこに思考が生まれた。知性が生まれた。初めに言葉があった。言葉は人間と共にあり、言葉は人間だった。言葉づかいの「型」を知らないのは、語り合う方法がわからないということだ。他者との意志疎通に困るだけでなく、思考を深めることもできないということだ。

＊＊＊

日本には、大人が少ない。

いつまでも思春期のメンタリティを捨てられない「思春期ゾンビ」がたくさんいる。青春時代を忘れないのは、人間として当然のことだ。重要なのは思春期を覚えているかどうかではなく、大人の条件を満たしているかどうかだ。

「自分を語れる」のは、大人の条件の一つである。

私たちの社会は、知識の蓄積によって発展してきた。大人から子供へと物語が継承されることで維持されてきた。物語るのは大人の役目だ。物語を求めるのは子供たちだ。商業的に大量複写されたキャッチコピーではなく、自分の言葉で自分の人生を語れること。世の中を、歴史を、私たちがどこから来てどこに向かうのかを語れること。それが大人の条件である。

ところが、この条件を満たしている人は少ない。多くの日本人は自己表現の手段を学んでいない。たとえば言葉づかいの「型」を教わらない。さらに、つい十年ほど前までは「消費の時代」だった。他人の作った世界観に身をゆだねるほうが、自分を語るよりもはるかに簡単だった。こうした背景から、日本では「自分を語れる」人が増えなかった。いま「思春期ゾンビ」となっているのは、そういう人々ではないだろうか。

「思春期ゾンビ」の人がすべきなのは、究極には自分を語ることだ。

まず手始めに、語る技術を身につけることだ。60歳の人間は、20歳の人間の3倍のものごとを経験しているはずだ。自分が見聞きしてきたものを、次世代へと伝えること。自分が死んだあとの世界のために言葉をつむぐこと。それができるようになれば、もはや誰からも思春期ゾンビとは呼ばれないだろう。

自分のことで手いっぱいで、次世代のことなんて想像も及ばない。

そういう人を、子供という。

生きた時間が長いだけでは、ヒトは大人にはなれない。


(2013.02.22)

[＊1] 桐野夏生『ジオラマ』新潮文庫収録

# あとがき

驚くべきことに、高身長の人は低身長の人よりも収入が多い傾向があるという。認知機能は体全体と合わせて発達するので、高身長の人は知性が高くなりがちだからだそうだ［＊1］。もちろん遺伝の影響による身長差では、認知機能に差異は生まれない。問題は幼少期の栄養不足による低身長だ。児童の脳の発達には適度な脂肪が必要だが、摂取カロリーの低い（つまり貧しい）環境で育った人は充分な脂肪を得られなかった可能性が高い。

この仮説が正しいとすれば、日本人は歴史とともに賢くなってきたことになる。江戸時代の日本人の身長は男性150センチ台、女性140センチ台だった［＊2］。終戦直後でも男性160センチ、女性150センチほど。しかし経済発展とともに無尽蔵の栄養を摂取できるようになった結果、日本人の平均身長は約60年でおよそ10センチ伸びた。日本に限らず、栄養状態の改善による高身長化は世界中で見られる現象だ。現代の富裕国に生きる私たちは、人類20万年の歴史のなかでもっとも知性的な集団なのかもしれない。

ところで、世界史の教科書の最後のほうには、1960〜70年代に一般庶民の生活が豊かになった結果「大衆文化」が発達したと書かれている。ビートルズ、カラーテレビ、スタンリー・キューブリック、ヒッピー文化……。それらが生まれた背景には、第二次大戦後の格差の縮小がある。

しかし、トマ・ピケティに言わせれば、戦後の格差縮小は歴史上の例外《アノマリー》にすぎないという。人類は歴史の大半を極端な格差の中で過ごしてきた。戦時中に政府の権限と役割が拡大したことで、生活保護や年金のような社会福祉制度が充実し、戦後のインフレによって富裕層の資産価値が毀損された。その結果、20世紀後半に例外的に格差が縮小したという。

大衆文化が花開いた背景が格差の縮小であり、それが歴史的な例外であるとすれば、私たちが享受している文化的な豊かさは一時の夢なのかもしれない。今から50〜100年後には、近世以前のように富豪がパトロンとなって芸術家を育てる世界に逆戻りしているかもしれない。

私は、それを歓迎しない。

ロバート・ゼメキスやローランド・エメリッヒの映画を「くだらない」と笑う人がいる。大変結構。彼らは（一部のインテリではなく）数億人のファンを獲得している。マンガやライトノベルを「くだらない」と笑う人がいる。大変結構。歴史に名を残したのは芸術志向の作家ではなく、大衆から圧倒的な支持を受けた雑文屋だ。ディケンズもコナン・ドイルも、往年は低俗作家と笑われた。けれど、名前を残したのは彼らだ。彼らを笑った人々は、ことごとく歴史から姿を消した。

大衆こそが文化の担い手であるべきだし、一握りの金持ちが「正しい文化」を規定するような世界は退屈だ。この世界を面白くするには、大衆こそが文化継承の主人公であるべきだ。自由とは、私たち一人ひとりが自分の物語を追及できることをいう。

残念ながら、既得権益にあずかる人々は、そのような自由を好まない。古今東西を問わず、支配階層は自分たちに都合のいい物語を被支配階層に盲信させようとしてきた。庶民が無分別に物語をあみ出すようでは困るのだ。だから秦王朝やナチス・ドイツは書物を燃やし、現代の日本企業は新入社員に愚直さを求める。企業の方針に疑問を抱くような学生は不要とされる。

バブル崩壊後に育った私たちには、信じるべき物語がない。物語を押し付けたい人々にとっては御しやすい相手だろう。空っぽのバケツのほうが砂を詰めるのはかんたんだ。既得権益者たちが提供する物語に私たちが染まれば、世界はあっという間に中近世に逆戻りだ。農民に生まれたら死ぬまで農民であることに誰も疑問を持たなかったように、低所得な労働者であることを当然だと受け入れる時代になってしまう。20世紀末から格差拡大が続く統計データを見ると、世界は私の危惧する方向に進んでいるのかもしれない。

この流れを食い止めるには、私たち一人ひとりが自分の物語を持たなければならない。与えられた生き方で満足するのではなく、自分で考えた人生を歩まなければならない。一人ひとりが自分の豊かさを追求することが、やがて世界全体を豊かにしていくはずだ。

あなたや私に、そんな大それたことができるだろうか。歴史の流れを変えて、世界を変えるなどという子供の夢みたいなことが可能だろうか。自分の人生を、自分の頭で考え抜くことができるだろうか。誰の言いなりにもならずに、自分のしあわせを摑むことができるだろうか。

できる、と私は信じている。

なぜなら、かつてヒトの身長は今よりもずっと低く、義務教育などなかったからだ。

あなたは20万年でもっとも賢い人類の一人だ。


(2015.12.3)

[＊1] アンガス・ディートン『大脱出』みすず書房
[＊2] 昔の人は細マッチョ?日本人の体格の歴史——タニタの健康コラム http://www.karadakarute.jp/tanita/column/columndetail.do?columnId=27

**Rootport**

2010年1月よりブログ「デマこいてんじゃねえ！」を運営している匿名ブロガー。1985年東京都生まれ……という設定になっているが真偽のほどは判らない。会計や経理、映画やアニメに造詣が深い。独自の視点から書かれるブログ記事が人気を集めている。


# 失敗《しっぱい》すれば即終了《そくしゅうりょう》！
# 日本《にほん》の若者《わかもの》がとるべき生存戦略《せいぞんせんりゃく》


2016年1月30日　初版

著　者　　Rootport

発行者　　株式会社晶文社
東京都千代田区神田神保町1-11
電話:03-3518-4940(代表)・4942(編集)
URL http://www.shobunsha.co.jp

印刷・製本　　ベクトル印刷株式会社





ISBN978-4-7949-6915-6　Printed in Japan